“十三五”国家重点图书出版规划项目

中国近现代稀见史料丛刊【第五辑】

张剑 徐雁平 彭国忠 主编

郭则沄自订年谱

郭则沄 著

马忠文 张求会 整理

本辑执行主编 徐雁平

凤凰出版社

图书在版编目（CIP）数据

郭则沄自订年谱 / 郭则沄著 ; 马忠文, 张求会整理.
-- 南京 : 凤凰出版社, 2018.6
（中国近现代稀见史料丛刊. 第五辑）
ISBN 978-7-5506-2792-5

Ⅰ. ①郭… Ⅱ. ①郭… ②马… ③张… Ⅲ. ①郭则沄（1882-1946）—年谱 Ⅳ. ①K827=5

中国版本图书馆CIP数据核字(2018)第125086号

书　　名	郭则沄自订年谱
著　　者	郭则沄 著　马忠文　张求会 整理
责任编辑	郭馨馨
装帧设计	姜　嵩
出版发行	凤凰出版社(原江苏古籍出版社) 发行部电话025-83223462
出版社地址	南京市中央路165号,邮编:210009
出版社网址	http://www.fhcbs.com
照　　排	南京凯建图文制作有限公司
印　　刷	南通印刷总厂有限公司 南通市通州经济开发区朝霞路180号,邮编:226300
开　　本	880×1230毫米　1/32
印　　张	6.25
字　　数	162千字
版　　次	2018年6月第1版　2018年6月第1次印刷
标准书号	ISBN 978-7-5506-2792-5
定　　价	45.00元

袁行霈先生题辞

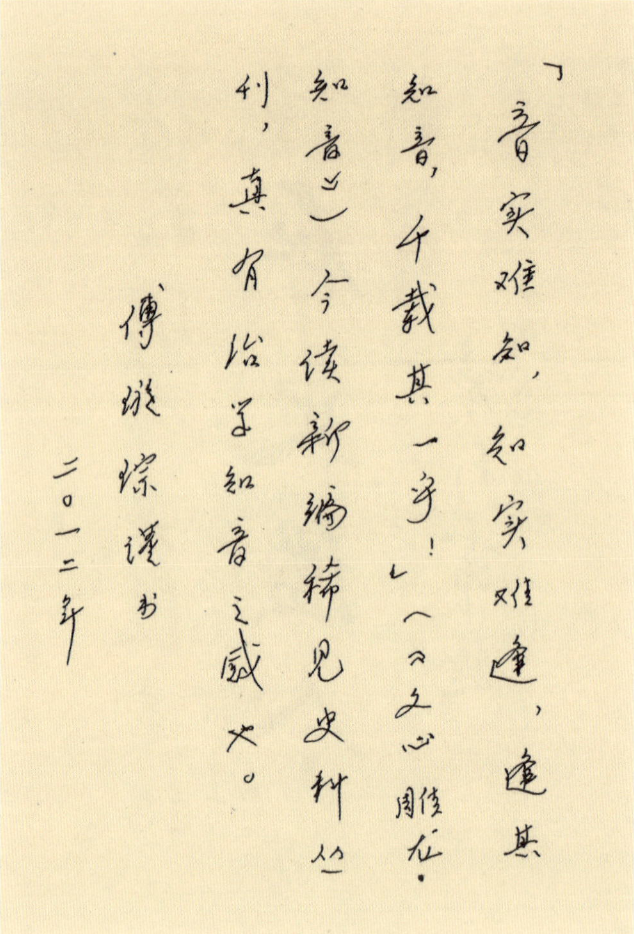
「音实难知，知实难逢，逢其知音，千载其一乎！」（《文心雕龙·知音》）今读新编稀见史料丛刊，真有治学知音之感矣。

傅璇琮谨书
二〇一二年

傅璇琮先生题辞

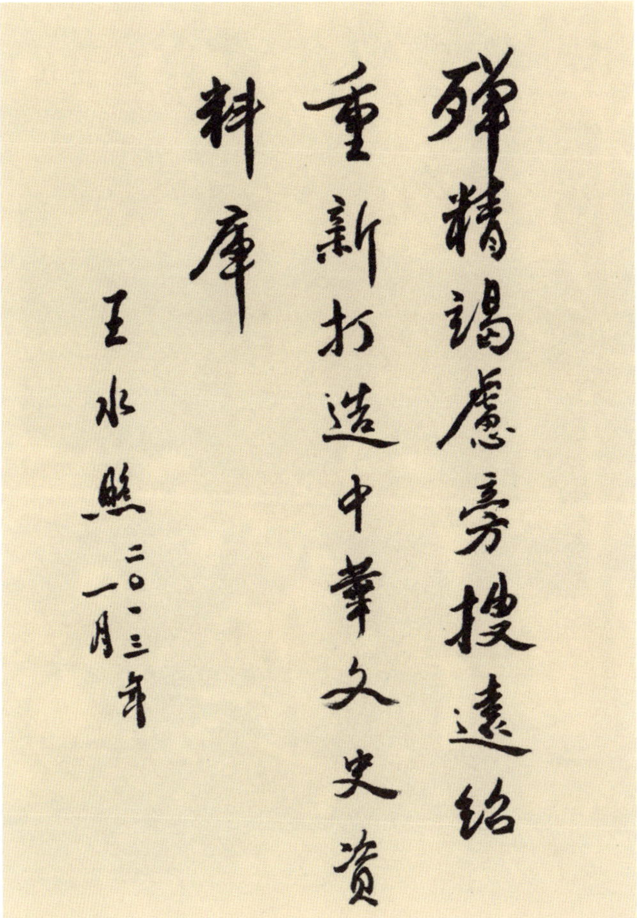

王水照先生题辞

郭则沄与孙女郭蕴宜（摄于蛰园）

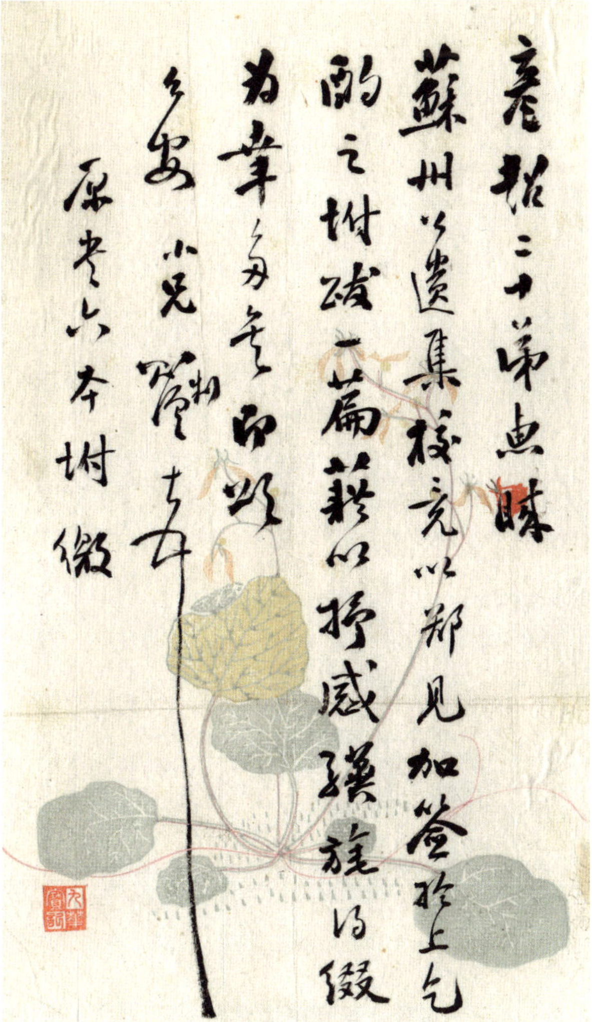

郭则沄手迹

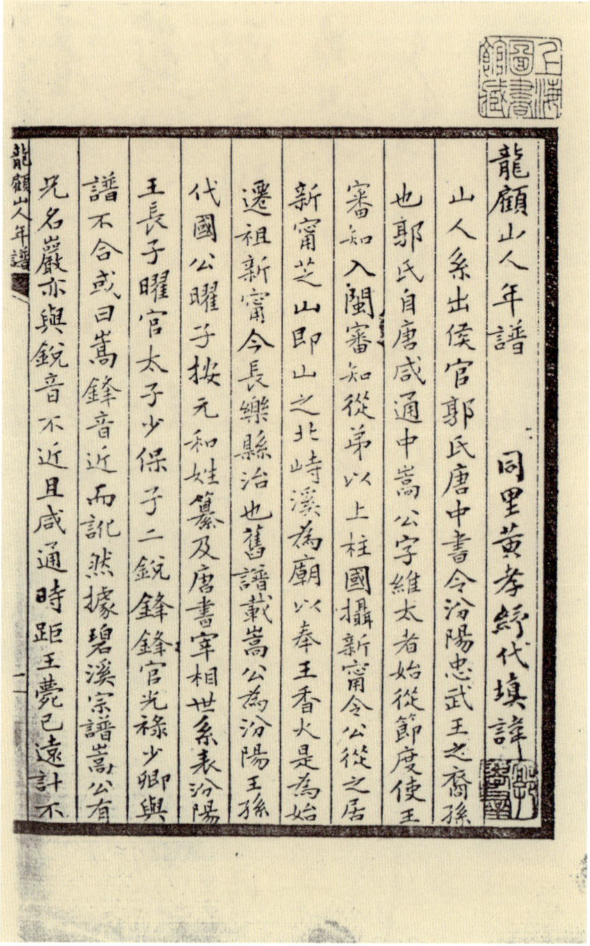
龍顧山人年譜　　同里黃孝紓代填諱

山人系出侯官郭氏唐中書令汾陽忠武王之裔孫也郭氏自唐咸通中嵩公字維太者始從節度使王審知入閩審知從弟以上柱國攝新甯令公從之居新甯芝山即山之北峙溪為廟以奉王香火是為始遷祖新甯今長樂縣治也舊譜載嵩公為汾陽王孫代國公曜子按元和姓纂及唐書宰相世系表汾陽王長子曜官太子少保子二銳鋒鋒官光祿少卿與譜不合或曰嵩鋒音近而訛然據碧溪宗譜嵩公有兄名巖亦與銳音不近且咸通時距王薨已遠計不

龍顧山人年譜　一

书影

《中国近现代稀见史料丛刊》总序

在世界所有的文明中，中华文明也许可说是“唯一从古代存留至今的文明”（罗素《中国问题》）。她绵延不绝、永葆生机的秘诀何在？袁行霈先生做过很好的总结：“和平、和谐、包容、开明、革新、开放，就是回顾中华文明史所得到的主要启示。凡是大体上处于这种状况的时候，文明就繁荣发展，而当与之背离的时候，文明就会减慢发展的速度甚至停滞不前。”（《中华文明的历史启示》，《北京大学学报》2007 年第 1 期）

但我们也要清醒看到，数千年的中华文明带给我们的并不全是积极遗产，其长时段积累而成的生活方式与价值观具有强大的稳定性，使她在应对挑战时所做的必要革新与转变，相比他者往往显得迟缓和沉重。即使是面对佛教这种柔性的文化进入，也是历经数百年之久才使之彻底完成中国化，成为中华文明的一部分；更不用说遭逢“数千年来未有之变局”、“数千年未有之强敌”（李鸿章《筹议海防折》），“数千年未有之巨劫奇变”（陈寅恪《王观堂先生挽词序》）的中国近现代。晚清至今虽历一百六十余年，但是，足以应对当今世界全方位挑战的新型中华文明还没能最终形成，变动和融合仍在进行。1998 年 6 月 17 日，美国三位前总统（布什、卡特、福特）和二十四位前国务卿、前财政部长、前国防部长、前国家安全顾问致信国会称：“中国注定要在 21 世纪中成为一个伟大的经济和政治强国。”（徐中约著《中国近代史》上册第六版英文版序，香港中文大学 2002 年版）即便如此，我们也不能盲目乐观，认为中华文明已经转型成功，相反，中华文明今天面对的挑战更为复杂和严峻。新型的中华文明到底会怎样呈现,又怎样具体表现或作用于政治、经济、文化等层面,人们还在不断探索。这个问题,我们这一代恐怕无法给出答案。但我们坚信,在历史上曾经灿烂辉煌的中华文明必将凤凰浴火,涅槃重生。这既是数千年已经存在的中华文明发展史告诉我们的经验事实,也是所有为中国文化所化之人应有的信念和责任。

不过,对于近现代这一涉及当代中国合法性的重要历史阶段,我们了解得还过于粗线条。她所遗存下来的史料范围广阔,内容复杂,且有数量庞大且富有价值的稀见史料未被发掘和利用,这不仅会影响到我们对这段历史的全面了解和规律性认识,也会影响到今天中国新型文明和现代化建设对它的科学借鉴。有一则印度谚语如是说:“骑在树枝上锯树枝的时候,千万不要锯自己骑着的那一根。”那么,就让我们用自己的专业知识与能力,为承载和养育我们的中华文明做一点有益的事情——这是我们编纂这套《中国近现代稀见史料丛刊》的初衷。

书名中的“近现代”,主要指 1840—1949 年这一时段,但上限并非以一标志性的事件一刀切割,可以适当向前延展,然与所指较为宽泛的包含整个清朝的“近代中国”、“晚期中华帝国”又有所区分。将近现代连为一体,并有意淡化起始的界限,是想表达一种历史的整体观。我们观看社会发展变革的波澜,当然要回看波澜如何生,风从何处来;也要看波澜如何扩散,或为涟漪,或为浪涛。个人的生活记录,与大历史相比,更多地显现出生活的连续。变局中的个体,经历的可能是渐变。《丛刊》期望通过整合多种稀见史料,以个体陈述的方式,从生活、文化、风习、人情等多个层面,重现具有连续性的近现代中国社会。

书名中的“稀见”,只是相对而言。因为随着时代与科技的进步,越来越多的珍本秘籍经影印或数字化方式处理后,真身虽仍“稀见”,化身却成为“可见”。但是,高昂的定价、难辨的字迹、未经标点的文本,仍使其处于专业研究的小众阅读状态。况且尚有大量未被影印或数字化的文献，或流传较少，或未被整合，也造成阅读和利用的不便。因此，《丛刊》侧重选择未被纳入电子数据库的文献，尤欢迎整理那些辨识困难、断句费力、裒合不易或是其他具有难度和挑战性的文献，也欢迎整理那些确有价值但被人们习见思维与眼光所遮蔽的文献，在我们看来，这些文献都可属于“稀见”。

书名中的“史料”，不局限于严格意义上的历史学范畴，举凡日记、书信、奏牍、笔记、诗文集、诗话、词话乃至序跋汇编等，只要是某方面能够反映时代政治、经济、文化特色以及人物生平、思想、性情的文献，都在考虑之列。我们的目的，是想以切实的工作，促进处于秘藏、边缘、零散等状态的史料转化为新型的文献，通过一辑、二辑、三辑……这样的累积性整理，自然地呈现出一种规模与气象，与其他已经整理出版的文献相互关联，形成一个丰茂的文献群，从而揭示在宏大的中国近现代叙事背后，还有很多未被打量过的局部、日常与细节；在主流周边或更远处，还有富于变化的细小溪流；甚至在主流中，还有漩涡，在边缘，还有静止之水。近现代中国是大变革、大痛苦的时代，身处变局中的个体接物处事的伸屈、所思所想的起落，藉纸墨得以留存，这是一个时代的个人记录。此中有文学、文化、生活；也时有动乱、战争、革命。我们整理史料，是提供一种俯首细看的方式，或者一种贴近近现代社会和文化的文本。当然，对这些个人印记明显的史料，也要客观地看待其价值，需要与其他史料联系和比照阅读，减少因个人视角、立场或叙述体裁带来的偏差。

知识皆有其价值和魅力，知识分子也应具有价值关怀和理想追求。清人舒位诗云“名士十年无赖贼”（《金谷园故址》），我们警惕袖手空谈，傲慢指点江山；鲁迅先生诗云“我以我血荐轩辕”（《自题小像》），我们愿意埋头苦干，逐步趋近理想。我们没有奢望这套《丛刊》产生宏大的效果，只是盼望所做的一切，能融合于前贤时彦所做的贡献之中，共同为中华文明的成功转型，适当“缩短和减轻分娩的痛苦”（马克思《资本论》第一卷第一版序言）。

《丛刊》的编纂，得到了诸多前辈、时贤和出版社的大力扶植。袁行霈先生、傅璇琮先生、王水照先生题辞勖勉，周勋初先生来信鼓励，凤凰出版社姜小青总编辑赋予信任，刘跃进先生还慷慨同意将其列入“中华文学史史料学会”重大规划项目，学界其他友好也多有不同形式的帮助……这些，都增添了我们做好这套《丛刊》的信心。必须一提的是，《丛刊》原拟主编四人（张剑、张晖、徐雁平、彭国忠），每位主编负责一辑，周而复始，滚动发展，原计划由张晖负责第四辑，但他尚未正式投入工作即于 2013 年 3 月 15 日赍志而殁，令人抱恨终天，我们将以兢兢业业的工作表达对他的怀念。

《丛刊》的基本整理方式为简体横排和标点（鼓励必要的校释），以期更广泛地传播知识、更好地服务社会。希望我们的工作，得到更多朋友的理解和支持。

2013 年 4 月 15 日

目　录

前言

《龙顾山人年谱》，不分卷，近人郭则沄晚年自撰，起于谱主生年1882年(光绪八年)，止于1941年，是研究谱主生平事迹的重要史料。这份珍贵的年谱稿本历经劫难，现由谱主之孙郭久祺先生保存[①]，本书即据此稿本整理而成，易名为《郭则沄自订年谱》。

郭则沄，字养云，号筱陆，又号桂严；又字蛰云，号啸麓，晚号龙顾山人。福建闽侯人。生于光绪八年壬午八月二十八日(1882年10月9日)，卒于丙戌十二月十七日(1947年1月8日)，享年65岁。[②]

闽侯郭氏，自清朝道光以降，代有名流。郭则沄曾祖郭柏荫，字远堂，道光十二年(1832)进士，官至广西、湖北巡抚，署理湖广总督。祖父郭式昌，字谷斋，举人出身，官浙江金衢严道，署浙江按察使。父郭曾炘，字春榆，号匏庐，晚号遁叟，光绪六年(1880)进士，官至礼部右侍郎、典礼院副掌院学士。叔父郭曾程，号南云，光绪十五年(1889)进士；郭曾凖，号少莱，光绪十八年(1892)进士。郭氏数代皆正途出身，各有建树，堪称福建世家巨族。

---

① 《龙顾山人年谱》稿本一度庋藏于上海图书馆，故首页上端钤有"上海图书馆藏"阳文印。

② 关于郭则沄之生年，其朱卷自报"光绪甲申年八月二十八日吉时生"(见来新夏主编《清代科举人物家传资料汇编》，学苑出版社2006年版，第22册，第305页)，盖从俗虚报年龄，小两岁填报，称之为"官年"，其实生于壬午年。关于郭氏之卒年，一些辞书或文章多写作"1946年"，或因旧历丙戌(民国三十五年)大致对应公元1946年，实则郭氏病逝于旧历十二月十七日，值公元1947年1月8日。

郭则沄自幼生长于京城，因父亲长期充任军机章京，故与京内外官员多有往还，谙熟清季人物与掌故。戊戌变法期间，曾入张元济等人创办的通艺学堂读书，后又肄业于京师大学堂，较早接受新式教育。庚子义和团事件后，清廷再次举办新政，开经济特科，选拔人才，则沄也在推荐之列。光绪二十八年(1902)，郭则沄参加本省乡试，中举人。次年赴开封参加癸卯会试，得中进士，改翰林院庶吉士。光绪三十年(1904)，入教习进士馆学习法政，两年后毕业。光绪三十三年(1907)，被派往日本考察，著有《瀛海采风记》二卷。不久，徐世昌任东三省总督，奏调回国，在徐幕掌管机密文电，兼治奏草。其间，参与所谓"间岛"问题交涉。光绪三十四年(1908)底，因醇亲王载沣提名，补浙江温处道道台，待延吉边务交涉结束后，于宣统元年(1909)夏赴任，兼瓯海关监督。次年，署理浙江提学使。宣统三年(1911)，辛亥革命爆发，离职抵沪。

民国建立后，派系林立，政局混乱，则沄追随徐世昌，以定出处。先以徐氏幕僚身份任国务院机要局帮办、参议，不久任政事堂礼制馆提调、铨叙局局长等职。袁世凯加紧帝制活动期间，自动离职。清朝覆亡后，他与乃父郭曾炘以遗老自居，与逊清小朝廷始终保持着密切关系，1917 年曾参与丁巳复辟活动。1918 年，徐世昌当选总统，郭则沄再次出山，受命任国务院秘书长，然与徐政见屡有不和，1921 年改任侨务局总裁，置于闲散。次年第一次直奉战争后，徐去职，则沄亦辞职。从此脱离宦海，隐居天津、北京家中，彻底以遗老身份著书讲学，参加诗社、词社吟诗作赋，不时寻访古迹名胜，游览山水，观赏花木。经常与郭则沄诗文唱和的遗老名流，有樊增祥、陈宝琛、陈曾寿、夏孙桐、郑孝胥、胡嗣瑗、林葆恒、杨寿枏等，他们在京津仿照南宋遗民谢翱、林景熙等入元后结汐社之例，创设须社，抒发黍离麦秀之思。1928 年秋乾隆裕陵、慈禧定东陵被盗后，郭则沄与乃翁前往张园，陪同众遗老与溥仪朝夕祭奠。抗日战争期间，敌伪政权多次劝其"出山"，均遭拒绝。因溥仪在日本胁迫下建立"伪满洲国"，则沄忠于逊清朝廷的政治信念遭遇重挫，故最后十年倾心学术研究，留下了丰硕的成果。

郭则沄是民国时期著名的旧派学者，虽文字中充满浓厚的遗老思想，立场不免保守，但其学术贡献难以泯灭，对后世影响甚巨。其著作有《十朝诗乘》《清词玉屑》《旧德述闻》《遁圃詹言》《竹轩摭录》《庚子诗鉴》《南屋述闻》《灵洞小志》《灵洞续志》《红楼真梦》等。平生所作诗文，先后辑成《龙顾山房诗集》《龙顾山房诗续集》《龙顾山房诗馀》《龙顾山房诗馀续集》《龙顾山房骈体文钞》《龙顾山房骈体文续钞》《龙顾山房诗赘集》等，俱已刊行。他又辑有《侯官郭氏家集汇刻》，将曾祖郭柏荫、祖父郭式昌、叔祖郭传昌、父亲郭曾炘的诗文著作集中刊印。此外，他将须社唱酬词作结集为《烟沽渔唱》七卷刊行，又与老友们将聚谈时的掌故内容汇编为《知寒轩谈荟》四卷，分上下册油印，内容涉及史事、掌故、礼制、科举、藏书、碑帖字画等，每条末尾注明叙述者的名号，这些都是可供今天学术研究的珍稀资料。

近些年来，郭则沄及其学术成果逐渐进入人们的视野，学界的相关研究不断深化。郭氏的主要著作再次被整理、出版，多部作品还出现了两种以上的点校本。有关郭氏著述的新资料也不断被发现，如天津古籍出版社 1987 年推出的《北京大学图书馆馆藏稿本丛书》第 6 册就收录了该馆所藏郭氏未刊稿本三种——《家乘述闻》6 卷、《竹轩零拾》不分卷及《各种杂稿》。另有学者在研究中发现，郭氏诗作在结为《龙顾山房诗集》前，先编有《小鄂跗堂诗集》6 卷，现存宣统元年抄本 4 册，为中国社会科学院文学研究所藏。① 这是迄今所见郭氏最早的诗集。

与整理、出版郭则沄著述相比，学界对作者本人经历和活动的研究明显不足。个中缘由，在于郭氏本人的材料大多零散，或见于清季北洋官方档案，或见于当时报纸，或见于时人日记，很难窥见传主一生的事迹。保存下来的《龙顾山人年谱》，则大体可见谱主一生的主

① 参见柯愈春著《清人诗文集总目提要》，北京古籍出版社 2002 年，中册，第 2021 页。

要经历,填补当下研究的空白。年谱对庚子事件、辛亥革命、袁世凯称帝、丁巳复辟等重大历史事件均有反映;谱主后虽自称脱离政界,仍对政治极为关心,又因其友朋多在政界,年谱中对北洋时期派系斗争、军阀混战都有丰富的记载;特别是 19 世纪 20 年代至 40 年代北京、天津遗老群体的文化活动记载尤详,诸如清史馆修史、北京北海团城古学院,以及天津冰社、须社、俦社、北京钵社、律社的活动反映较多。这些不仅对于了解郭氏生平、解读其作品有很重要的参考价值,对于观察清遗民群体的生活样态同样是珍贵的原始资料。

为了便于读者更加全面地了解郭则沄的生平,我们又辑录数种资料作为附录。内容包括:(一) 郭则沄本人所撰《邑芳写梦图》诗注。1917 年秋,郭则沄购买新宅,因溥仪赐御书"邑芳旁布"匾额,遂名其斋曰"邑芳簃"。《邑芳写梦图》是画家祁井西选择郭氏生平行迹之重要者绘制而成的二十幅画,每幅后各系郭氏自题诗跋,并装池成册。现图册已失,惟诗跋存焉。(二) 郭曾炘、郭则沄父子的碑传文献,包括哀启、墓志铭、神道碑、墓表和传记,以及郭久祺所撰回忆文章两篇。(三)《清诗纪事》《近现代词纪事会评》等著作中对郭曾炘、郭则沄父子的诗词评述。这些资料将郭氏父子诗作与经历结合起来评判,有助于学界深化研究郭则沄及清遗民群体。

感谢郭久祺先生提供《龙顾山人年谱》稿本复印件,并对整理稿进行了仔细审阅。北京文史馆馆员刘宗汉先生拨冗校阅文稿且赐示改进意见,中共中央党校图书馆古籍特藏室任青女士承担了大量的原稿核校工作,谨此一并申致谢忱!年谱原稿无公元纪年,为方便读者,特意补加;年谱每年所记之事均按谱主原来所分段落编排,个别异体字按照规范要求做了处理。文献整理涉及文史领域的诸多问题,因才学所限,其中舛误实所难免,诚恳期待方家提出批评。

整理者
二〇一七年九月十日

郭则沄自订年谱

郭则沄自订年谱[①]

山人系出侯官郭氏，唐中书令汾阳忠武王之裔孙也。郭氏自唐咸通中嵩公字维太者，始从节度使王审知入闽，审知从弟以上柱国摄新宁令，公从之居新宁芝山，即山之北峙溪为庙，以奉王香火，是为始迁祖。新宁，今长乐县治也。旧谱载：嵩公为汾阳王孙代国公曜子。按《元和姓纂》及《唐书・宰相世系表》，汾阳王长子曜官太子少保，子二：锐、锋，锋官光禄少卿，与谱不合，或曰嵩、锋音近而讹。然据《碧溪宗谱》，嵩公有兄名岩，亦与锐音不近。且咸通时距王薨已远，计不止再传，而宋陈伯震《长乐汾阳王庙碑》及元郭镗《自述》皆云嵩公为汾阳王孙，必非无据。意其称王孙者，裔孙也，曰曜公子者，亦以沿称王孙而误，盖出曜公之后。宋元以后，枝分派衍，析居于各郡县；元初，曰初公字元亘者，又自南阳村徙居马山之西，为福清辖。初公子耀公，字衍生，再迁于泽朗之中兴境，其地先有谶云："南泽岐，北泽朗，五百年后，衣冠烺烺。"以是卜后嗣当有兴者。明嘉靖间，文滔公以避寇乱，始率子弟迁居省会，因占籍侯官，累世皆有隐德，或蜚声庠序。传至介平公，讳阶三，举嘉庆丙子乡榜，历官连城、同安教谕，生五子，皆登甲乙科，族乃大。仲子远堂公，讳柏荫，道光壬辰翰林，历官江苏、广西、湖北巡抚，权湖广总督，国史有传，勋绩尤显，是为山人曾祖考。幼即出嗣叔父世厚公，致仕后久主鳌峰讲席，士林宗之，著有《石泉集》《嘐嘐言》《变雅断章衍义》。娶于沈，继娶于杨。山人祖

① 谱主自题曰"龙顾山人年谱"，首页题下有黄孝纾手书"同里黄孝纾代填讳"八字。

考穀斋公，讳式昌，沈夫人所出也，以优贡从戎，叙劳用知府，始举咸丰己未乡榜，官至浙江金衢严道，权按察使。治浙久，所至有惠政，浙人称为"郭佛"。著有《说云楼集》。配陈夫人，生丈夫子三，先后成进士，长为春榆公，讳曾炘，一字匏安，晚自号遁叟，山人父也。光绪庚辰，翰林改部曹直枢廷，历官户、礼、工、邮传等部侍郎，典礼院掌院学士，总裁《德宗景皇帝实录》，赠太子太保，谥文安，著有《匏庐诗存》《邴庐日记》《楼居偶录》。佐春官日，风议崭然，山人辑其疏草为《郭文安公奏疏》。配冯夫人，同邑兰溪公长女也，初生山人姊，适刘氏，越二年而生山人，又四年而冯夫人卒。继配王夫人，闽县慰农公次女，翰林修撰可庄公从妹，以养以教，迄于成立。

光绪八年壬午(1882)，秋八月，山人生于台州之龙顾山试院，王考名之曰则沄，字以养云。

台州以辖天台山得名，龙顾山者，其支脉也，位于郡城，州人于此建试院，每学使者按临，必驻节焉。仪征阮文达公督浙学，爱其胜，筑楼以便看山，曰四照者，移济南试院施愚山名楼者名之，有诗载《定香亭笔记》中。时王考权知郡事，甫莅官，前官未离廨，乃假试院暂居眷属，而山人适以是时生。生之日，方举郡试，青领之士跄济鳞萃，州人语王考曰："前此生于郡之试院者某某，后皆通显，今奎光照临，而公孙适降，一郡灵淑夺尽矣，异日其为阮文达乎？"王考逊谢，然心喜之，因取学使者张公沄卿之名以为识。吾宗有同名者，王考驰书命改之，曰："是必属之阿云也。"先是，吾妣冯夫人来归数年，仅生刘氏姊，望子綦切，术者推先妣命造曰："是侍郎夫人命也，惜命中无子，有之则损寿。"先妣祷于神，愿以寿易子，遂有白衣感梦之异。及山人生，佥曰大士赐也，故于山人所居室庋奉大士像，朔望必拜，岁时必祀。后二十年，先文安公果晋卿贰，而冯夫人不及见矣。悠悠苍天，曷其有极！[①]

---

① 原稿已由谱主自行分段，现悉予仍旧。下同，不另说明。

山人生时，督部公尚健在，方里居主讲，手书年谱曰："曾孙则沄生。"然山人生于浙，旋从文安公入都，不及见曾王考也。

光绪九年癸未(1883)，山人二岁。

文安公以庶吉士入都应散馆试，列二等，改以主事用，签分礼部。

山人生甫数月，乳媪抱至郡堂下，或以其属马，指楹联中"马"字示之，翊日复至其处，问"马"字所在，即指以应，咸惊其夙慧。衰老无成，诵"上清沦谪得归迟"之句，但有惭汗。

台多匪，巨匪金满者，势尤盛，藉口官府苛敛，揭竿以起，大府调客军驰剿，屡为所挫，台谏封章至以黄巢、方腊为喻。按察公莅郡，延访父老，知客军不足恃，遣撤者泰半，而别募士勇扼守要隘，惩蠹胥，蠲苛税，事事示以恩信。金满无所挟辞，又以防密不克逞，乃具牍悔罪自投，介线民以达于郡。公诇知非诈，乃请于大府，受其降，畀满及其弟守龙武职，以满隶长江水师，守龙隶浙标，馀目分隶诸营，用军律钤束之，积年巨患以弭。守龙官守备，尝谒按察公三衢道署，山人适随任所，犹及见之。

文安公倦失承明，颇失意，欲弃官归侍，按察公函慰之，命安心供职，当送眷入都。山人甫周晬，以将北行，乳媪不肯从，即断乳，先妣使刘氏姊乳媪黄照料之。

光绪十年甲申(1884)，山人三岁。

是年元旦，督部公祀神毕，仰观天象，叹曰："吾闻今岁其有事乎？然吾不及见之矣。"家人讶其语非祥。迨正月下旬，疾遽作，临危失音，以指蘸水书自挽联于几云："维末俗，挽颓风，匪异人任，不吊昊天，大愿未酬心井竭；临深渊，履薄冰，今知免夫，溘先朝露，九原无憾口碑存。"公退居，营祠墓，置祀产，务周恤贫乏，尤致力于地方善举，及薨，里人来吊者咸痛哭失声。按察公在台闻讣，星奔归里，庶祖妣蒋夫人挈诸叔、诸姑续行，而山人从先妣冯夫人航海北上，就文安公京邸。时僦居南半截胡同路东，与潘耀如编修同居，庭中小有花竹。未几果有马江之役，同乡京官疏劾篑斋学士弃师诿罪，耀如丈以编修领衔，文安公与列名焉。

是年，文安公教以识字。

光绪十一年乙酉(1885)，山人四岁。

是年，始读书，文安公亲课之，尝谕之曰："不读书，则此腹皆粪土耳。"又曰："善读之，当为汝向祖父乞佳砚。"山人闻而喜，则奋读不辍。又教之作《乞砚禀》，取花笺书之，王考见书喜甚，果寄砚以赐。惜童騃不知保藏，竟失去。

先妣得子艰，故溺爱特甚，每姊弟有争诉于母，辄袒弟而抑姊，诉于父亦然，但时亦责弟，姊憾稍释。幼恃爱，方以为得，而不自知其侮姊之罪也。一旦，先妣为易新服，将挈往粤东馆观剧，车已驾矣，忽大啼，不欲往，先妣怜之，百方抚慰，亦竟不往。山人幼时气禀弱，华色不荣，王考每寄京邸书必询及，且曰："汝父子体皆荏弱，万不可过从菲啬，吾力尚能济之。"又曰："初为北客，必畏寒，切勿贪近火。"盖虽远隔千里外，无时不关念虑也。山人今酷爱其孙，以视王考爱孙之切，或犹不逮。

是秋，叔父南云公举于乡。

黄巷祖屋火。先是，督部公抚楚，于黄鹤楼遇道人，赠符三，云可辟火，姑置之而已。忽邻舍火作，妇稚不得出，哀乞拆风火墙救之，家人恐火连及，不敢决，决之于按察公，公曰："焉有坐视邻灾而不救者？苟有天道，火必不及。"于是墙拆，逃出者数十人，而火随至，厅屋已烬，炎炎未息，忆及是符，亟取其一焚之，风立转，馀屋获全。

光绪十二年丙戌(1886)，山人五岁。

是岁，仍文安公亲课，经籍外兼读唐诗，一日讲释《长恨歌》，至"六军不发无奈何，宛转蛾眉马前死"，山人忽痛哭不可止，公笑曰：

"是儿痴矣。"放令出游,久之乃复,盖性情之感有发于不自知者。课馀学作大字,信笔濡染,垣壁殆遍。

南半截胡同宅为从祖鹿泉公故居,同乡许柳丞水部亦居之,皆屡踬场屋。是春,诸叔计偕入都,文安公谋于邻近,赁禅寺为安砚地,诸叔不之信,仍下榻寓斋。春闱榜发,俱报罢。

文安公充会典馆协修官,考取军机章京,得记名,名次在后,盖济宁孙文恪于黜卷中拔之。

按察公服阕起官,赴浙待次。

冬十二月,先妣冯夫人卒。其疾类臌胀,初误以为孕,迨知其误,稍进药,亦不甚效,然起居操作如恒。时逼岁除,备祀先,犹躬理楮帛,疾忽骤剧,救治不及。家人抱不肖于外,曾不得视含敛,术者谓命中无子,是亦犹之无子也。痛哉! 归而索母,家人曰:"而母上天矣。"哭已,则大书"母亲上天"字,淋漓累纸,曾不知天人永诀之痛,顽钝至此,尚得为人子哉! 文安公于家书中具述冯夫人米盐琐屑,力从节缩,儿女衣履悉出自制,偶得甘旨,不忍自供,而甘食疏淡,每日洒扫必洁,而于祀先之典尤必尽恪诚,惫精疲神,可已不已,至殒其生而不悟,其勤可敬,其愚可矜。呜虖,吾母生平,此书尽之矣!

先是,冬雪初霁,庭有积素,伯姊步竹间,衣履尽湿,先妣怒而诃责之,距弃养仅数日耳。伯姊引为深痛,终身不忍见竹。文安公家书云:"荪女失母,终日哀泣,客来者咸谓数龄小女,尽哀尽礼,实不多觏。"笃厚之性,含章之德,盖已见于幼年矣。

光绪十三年丁亥(1887),山人六岁。

居先妣冯夫人忧。春正月下旬,奉遗榇殡于城南增寿寺。寺有两柰树,高皆出檐,文安公晚年诗云:"此生未作稽山土,犹为寻春策蹇经。四十年前营奠地,两株玉雪尚亭亭。"咏是花也。其秋,遣仆郑升奉榇归葬于福州北门外天财山,墓在山椒,四周勒石曰"军机处郭界",山人从文安公送至郊外而返。

按察公议为文安公续娶，家书以德性为重，曰："此时儿女尚幼，不能离乳媪。乳媪安，则儿女安矣。"乳媪谓黄妪，先妣临殁，以山人姊弟重托之，从之食宿，爱护周至，郑升即其弟也。

丧礼毕，读书如故。文安公洊历帮主稿、主稿，部务渐烦，以早间授课，午后趋衙，夏日早衙则反之。

是冬，迁居宣武门外大街路东。十一月，继妣王夫人来归。蔼双伯舅送继妣至京师，见山人喜之，曰："当以表姊为汝妇。"蔼舅殁后，继妣终践其言。

光绪十四年戊子(1888)，山人七岁。

是岁春正，文安公挈之游厂市灯市，观南洼老馆烟火与虎坊新馆灯宴，山人虽幼，得接老辈之言论丰采由此。又尝游荷包巷，购得珊瑚朝珠，今尚在，以畀骐孙。

王可庄从舅以修撰直上斋，居斜街宅，屡从继妣诣之，见其宅竹窗花径，潇洒绝俗，因有园林之思。

是年，仍文安公自课，《四子书》《尔雅》已毕业，以次读《诗》《礼》《左氏传》。自学为诗，取竹纸仿宋体书，装作线装本，盖生平结习基此。先公家书云："此子虽顽，破费笔墨，便可得半天安静，出语亦不类常儿。"今老矣，好文而不谐于俗，犹故态耳。

光绪十五年己丑(1889)，山人八岁。

春二月，仲弟则江生。

德宗大婚，文安公以礼曹襄事晋升衔，赐花翎。

叔父南云公春闱报捷，用中书舍人。吾家"昌""曾"两辈与计偕者五六人，皆下榻寓斋，遂无读书之所，于内室支几，稍温旧学。

按察公时提调牙厘局事，寻摄知杭州，故守陈六舟以忧去官，亏至万金，大吏令代之者为弥补，无应者，而按察公慨然任之。南云公乞假归省，戏镌印章曰"管领湖山小主人"。

光绪十六年庚寅(1890),山人九岁。

春三月,三弟则济生。

仲父少莱公以光绪己卯登乡举,屡蹶春闱,是年恩科仍报罢,考取国子监学正学录。

文安公部务益繁,仍以馀暇课山人读。

是夏,霪雨为灾,街陌尽湮,宣武门壅闭者三日。乡先辈官京朝者时为击钵之集,一日集于寓邸,大雨如注,檐溜声与吟唱相间,夜深吟罢,庭间积潦已三尺,驾木凳为桥,客不敢行,则奴子负之以出。山人初学诗,亦效为之,逡巡不敢示客。

按察公移权金华府事。

其冬,啸龙舅至自泰州,下榻寓斋。

光绪十七年辛卯(1891),山人十岁。

是岁,读《易》《书》《周礼》,始学为干禄之文。文安公补仪制司主事,寻充帮掌印,事繁,不遑督课,适叔父南云公以阁直留京,代课山人读。

按察公卸金华府事,仍居杭。

山人幼无所嗜,文安公出青钱一串置斋头,曰:"汝有所需,可于此取之。"山人患肺燥,偶以市梨膏,馀无所取,历年馀储钱犹在。

光绪十八年壬辰(1892),山人十一岁。

仲父少莱公成进士,改庶吉士。叔祖子冶公幼与文安公兄弟共学,独久困场屋,是岁以优贡来应朝考,用教职。

按察公总办海运来京师,亦廉五叔、养泉伯兄随侍,皆与山人年相若,于是山人始有游伴,尝同游都中诸名胜。又尝为改诗之戏,限"寒、绿",凤颈格,各成数联,按察公为甲乙之。山人自居京,未出外城,至是始从按察公泛舟通惠河,至通州,居海运局者数日。及秋,按察公事竣将归，山人请侍祖南行，许之。既治装，复瞻恋庭闱，不忍别，乃送至潞河舟次而返。

文安公权掌主客司印。

仲妹葆蘩生。

光绪十九年癸巳(1893)，山人十二岁。

按察公再以海运来京师。

五月，文安公传补军机章京，南云公虽为山人授课，时复往来南北，作辍不常，学业几废。

伯姊从按察公南归，以将适刘氏也。先是，文安公里居，与刘绍庭丈文字交契，尝谓“生平所见，践履笃实者，殆无其匹”，丈为从祖鹿泉公女夫，其长子孟纯与伯姊年相若，因约为婚姻。丈以名举人作宰江右，不永其年，姑氏恐食言，欲乘初丧缔聘，文安公曰：“丧中从吉，非礼也。吾辈讵以生死易交？且孤子大成者固多，旁观之言，何足听也？”至是，姑氏以门户单薄，欲为孟纯早授室，公许之，遂以是冬成礼。山人自失怙后，与姊相依，赖黄妪调护之，是岁妪亦乞归，乃从文安公宿。

叔祖子冶公举于乡。

崑文恪、钱恭勤奉命按事河南，奏调文安公为助，阅两月乃返，盖有劾汴抚裕长者也，裕获雪，罢其属吏数人。

光绪二十年甲午(1894)，山人十三岁。

春三月，徙居贾家胡同路东。庭宇稍有隙地，南云公植芍药数丛，山人增植桃、枣、丁香，花时徘徊其下，顾而乐之。南庑数楹颇爽垲，山人侍南云公居之。

叔祖子冶公成进士，用工部主事，南云叔鲜暇，则子冶公分课之。

其夏，文安公延表叔周曜赓孝廉师课山人兄弟读，师教授不以法，灵明转滞。

按察公三以海运至京师，权浙江督粮道，季父海容公侍从。及秋，事竣还浙，奉檄权知湖州。

季弟则汉生。

是岁，恭值慈禧皇太后六旬万寿，适辰韩事起，诏停点景，仍于内廷受贺。

周曜赓师闻警仓卒南归，山人乏师，仍就南云公受课，时南云公以中书舍人充本衙门撰文，协办侍读。

文安公擢祠祭司员外郎，掌仪制司印，京察一等，召对，记名以道府用。

光绪二十一年乙未(1895)，山人十四岁。

文安公与修《平定捻匪回匪方略》，叙劳加三品衔。自直枢垣，函札渐繁，皆口授大意，命山人代书之，又教以课馀涉览《东华录》《圣训》，始渐知掌故之学。

仲父少莱公散馆，有志乞外用知县，寻选授江西泰和。

山东督粮道阙员，枢堂欲以属文安公，为恭邸力言之，恭邸曰："是非楚抚某公之孙乎？世家子弟，正当效力禁近，何汲汲乞外为?"乃别简。先是，督部公方抚楚，恭邸使人授意，俾进五万金，当以川督相属，督部公婉谢之。岂邸意有所不慊，久而不能释然耶?

是夏，延周熙民师课山人兄弟。师教山人博涉群经，兼授以作文之法，始渐知为学门径。啸龙舅每过斋头，就师闲话，见山人课作，笑曰："何无忌乃酷似其舅?"甫数月，师以事南归，荐陈仲起师代馆。仲师性方严，而不如师之善诱，尝以"辞达而已矣"命题，山人文既成，仲师不谓佳，命更作之，因叩于仲父少莱公为指授作意，更成以进，则又曰："是非汝所能也，必有捉刀者，盍自作之?"是文实自作而不容置辩，不得已别作之，则益劣矣。是时但觉作文之苦。未几，仲师亦丁内艰归，复就课于南云叔，严霜忽解，如坐春风。

南云公初拟由庆典保擢知府，既中变，乃降捐知县，捐指江苏。少莱公选补泰和，亦将南下，子冶公赠别诗所谓"眼看一双南雁下，拚飞各有稻粱谋”也。时同乡官京朝者叶稚愔检讨、陈徵宇舍人倡为榕荫堂律集，叶氏与者四人，吾家与者五人，山人与焉。自馀则郑扆丹宫赞，黄石孙编修，林述卿、蔡献臣两庶常，魏挺生驾部，林仲沂仪部而已。少莱、南云两叔初亦与斯集，未几遂行，而社集弗辍。尝课“雪意”题，山人所作“眼底望云殊有态，空中炼水却无痕”句独为诸老辈推许，连取至七八元，今存《龙顾山房集》中。又尝课“浯溪中兴颂”题，山人有句云“身历艰巇娴国故，老馀撰述答君恩”，一若自为此生写照者。稚愔选社作刊之，版毁于庚子之乱。

是冬，子冶公留京，山人从之受课。

按察公补台州府知府。

光绪二十二年丙申(1896)，山人十五岁。

文安公授仪制司郎中。

子冶公以主事改截取知县，指分东粤。

稚愔检讨丁外艰归里，律集遂辍。乡先辈继为击钵之集，时虎坊郡馆榕荫堂新葺，为觞咏之地，月三集，集恒三题，每夜深始散。山人侍文安公，恒在座末。

是夏，周熙民师北来，仍馆吾家，教以制艺，馀暇更博涉史鉴、诸子，以其心得笔为札记，又挈之同试金台书院及愿学堂，屡叨前茅，文兴益振。

林诒书丈与盛意园、沈子培、黄仲弢诸丈集积水潭高庙登高，挈山人偕往，因得接诸先辈丰采。其时寺中尚有台榭花木之胜，今荡然矣。

文安公为山人订婚王氏，蔼双舅长女也。

光绪二十三年丁酉(1897)，山人十六岁。

乡人击钵之集，每以烛为彩，山人所得恒多。新岁社集仿三场之法，人限三卷，卷各为名，以唐诗人杜甫、王维等代红号，其计积分按名分算，不能移易。及揭唱，山人仍居首，得红绿、梅桩二本。盖诸公虽有高卷，往往前后参差，而山人以三场匀称得之。

周熙民师以秋闱在迩，教为经艺，且致力于群经注疏及《史》《汉》、萧《选》、汉魏诸家之文。

秋七月，元配王夫人来归。

是秋，应京兆试，与啸龙舅及王氏中表同假榻于盛氏意园。榜发，俱落第，试题偏全而兼截下，大场中不多见，非山人所习也。

冬十月，以第一人考入成均肄业，仍从周熙民师受课。

徙居兵马司中街路南。

光绪二十四年戊戌(1898)，山人十七岁。

文安公命入通艺学堂习英文、算学。是堂为张菊生刑部创设，初设于琉璃厂夹道，嗣移于城西象房桥。同班有郑叔进编修、姚俪桓舍人、徐左泉工部、黄敏仲光禄、陆芝田任子、濮维千邑丞。山人性拙于算，术尤不近，睹叔进、俪桓诸君以强仕之年孜孜不懈，心窃愧之。

是年，改肄业成均北学，仍兼应金台、愿学诸课。

王夫人之来归也，以林贻书丈为外家，盖蔼舅娶于林氏，为贻丈之姊。时贻丈徙居皮库营，有园林之胜，山人屡诣之，因与暾谷习，尝与共击钵，见其《咏补书》有“不读韩非驱五蠹，一朝墙壁塌重重”之句，又《赋崔立功德碑》有句云“大清楼下无言石，因果分明在镜中”，窃讶其语非祥。一日诣之，怪其绕室旁皇，私叩他人，乃知康某欲密荐数人参枢要，暾谷方求之，虑见摈也。未几果有诏励行新政，特简四卿参预，暾谷与焉，心为之喜，亦为之危。闻其在枢密别为直庐，旧人恶其傲兀，皆远之，稍与接洽者，枢堂惟廖仲山尚书，枢直惟文安公耳。旬日后，见所行新政类散乱无纪，以为法不可不变，而有必不可变者，尤必熟权利害，确定方针，而不可轻率出之。时方求言，欲具疏上陈，而熙师以为未可，然山人终具疏稿，拟乞祭酒代奏，以政变而止，可谓妄矣。

是冬，文安公擢内阁侍读学士，盖两次京察记名未邀外简，至是又将届京察之期，先已叙劳以京堂升用，欲请开缺待次，以免妨人登进之路，始有是擢。

通艺学堂以政变停辍，山人以文安公命，改入会文学堂肄业，王稷堂户部所创也。寻寿州孙文正奉命筹设京师大学堂于东华门内马神庙，与啸龙舅同赴试，相约为俶诡之文，山人文中多奇字，舅则造语类佛经。时政局甫变，文网方严，衡文者不敢取，亦不忍黜，置之备取前茅。山人以别试英文列第三，补入正取。

生女不育。

啸龙舅以事南行，山人为代应南学经古课，祭酒某公奇赏之，擢置首列，曰"非王生不能有是作"，而不知有为之捉刀者。

光绪二十五年己亥(1899)，山人十八岁。

是岁，肄业京师大学堂，仍兼应成均月课。时大学初设，参用书院之制，西学外兼试制艺，且设奖金，山人制义、西文皆得优奖。

文安公转太常少卿，寻擢光禄卿，不次之迁，枢相文忠荣公力也。或谓文安公曰："荣公之厚公者至矣，独不可执贽于门乎？"公曰："受爵公廷，拜恩私室，某窃耻之，姑以俟诸异日。"

按察公七十寿，设筵于虎坊郡馆，都下交旧各为歌诗，同邑张文厚方官侍讲，为之序。

时按察公为台州守，患足疾甚，文安公欲乞假归省，不许。寻请开台州缺，浙抚入奏，请开缺以道员候补，并交军机处存记，得旨俞允。

三妹葆葵生，名葵者，取卫足之义。

文安公以枢直叙劳，加二品衔。

山人再生女，逾月殇。

兵马司中街宅有堂曰"聚贤"，为山人读书之所，窗前种竹数十竿，植二梅于庭，教两弟及熙师子景清为文，命题课之，奖以纸笔，黄妪子宝秋役于山人，亦学为之，渐乃能诗，萃所作曰《聚贤堂课艺》。

光绪二十六年庚子(1900),山人十九岁。

入春,拳乱渐炽,京师大学堂为群矢所集,遂至辍业。是年当举乡试,国子先生首录肄业诸生,山人列第三。先是,山人应月试,见赏于吴燮臣、贻蔼人、王文敏、吴文安、张文厚、熙文贞诸师,屡列高等,然从无私谒,文厚外鲜知其家世者。迨录科,分别官、民卷,当书明三代官阀,文敏始知之。一日,于围城中晤文安公,语及山人文,极致叹赏,谓"才气英发,必早贵,特文中每有小疵,于官卷尤不宜,当细检之"。时距文敏授命仅旬日也,故山人于文敏尤有知己之感。

拳乱中,两宫屡召阁部九卿决大计,时文安公与袁忠节交契,语时事辄深感愤。一日,将入对,先夕自草疏,力言拳匪之不可用,命山人缮折,携以入,山人窃忧之。及退朝归,乃知为荣文忠所阻,谓"吾辈近臣,徒效龙、比何益,当居中谋所以补救者"。于是,剿拳保侨诸诏,皆文安公专任之。会东南督抚与驻沪各领事有互保之议,阴取决于荣公,其往复电牍悉由文安公与东抚互转,虽同直不知也。翰林某尝请按户搜捕汉奸,文安公寝其奏不行,所保全者甚众,然袒拳者已侧目,其不从袁、许之后者,幸耳。

拳众纵火都市,延及城楼,隳突九城,怪异百出。文安公命山人兄弟航海南归,山人不欲行,公不许,甫行廿馀里,复驰骑召还,盖津沪海程绝矣。适林贻书丈奉命主试甘肃,又闻内廷有西幸之议,文安公复命山人奉继妣、挈弟妹附贻丈以行,期于太原相见。同行者周熙民师父子、贻丈及其兄廉孙丈眷属,时廉丈亦以户部郎直军机也。临行,文安公书元遗山诗于扇以赐,有"系舟山是读书山"之句,山人捧扇,泪夺眶下,欲独留侍父而不敢言。过保阳易车,抵井陉,再易夹窠(架席如舆状,前后有辕,以两骡架之,山行为便)[①],经四天门以抵太

---

① "架席"云云,原为双行小字,现改用圆括号夹注。其下同此处理,不另注明。

原，僦居七府营。途次识沈淇泉编修丈，盖与贻丈同典甘试者。至晋，复识学使刘潜楼丈，每聚谈衙斋，语及时事，不胜感愤。间为诗歌酬唱，二公推许甚至。时毓贤尚抚晋，司道以下承其风旨，皆侈语尊攘。一日，偕林绍勤丈谒方伯李公、冀宁道许公，谈次盛称团民忠勇，山人唯阿应之。绍丈嘿然出，谓山人曰："君伉直者，乃亦作违心语耶?"山人笑曰："此辈愦愦，争之何益？且吾等以穷旅托庇，独不闻圣人危行言逊之训乎?"绍丈为之心折。绍丈，贻丈弟也。卜居稍定，诸弟仍从熙师受课，山人则日谒交旧，探北都消息，闻京师陷，两宫出狩，意文安公必扈从，既而驾至，枢直从亡者寥寥。诣公所，晤陈瑶圃师，叩文安公踪迹，则事急路阻不相闻也。斯时昼出皇皇，若痴若罔，夜归忧悃，恒睹窗白。念井陉阻兵，将取道宣大入都寻父，白继妣请行，继妣垂涕曰："汝行，大义也，然道路至危，且吾与妇稚何赖乎?"山人亦彷徨雨泣。会京朝官问安疏至，列文安公名，知京师尚安，乃止。维时资斧垂竭，圣驾又将幸陕，计不可久居，乃寄书王考乞南归，王考韪之，即驰电见召。于是，假资斧于潜楼丈，又从晋抚锡公乞骑兵四人护送，由晋赁驮轿南下，行四十日，始入楚境。叔祖宾实公筦榷于黄花涝，遣人迓于途，遂卸装榷局。而山人忧瘁侵迫，疾已深矣，舁登江船，王夫人来视，掩涕无语。抵沪，南云公招入苏，居三日，乃入浙。王考抚之惊喜，悯其羸疾，延太表叔林伯颖明府疗之。未几，王考奉檄权金衢严道，文安公奉命赴行在，附救济会海轮南下，迂道省亲于浙。山人侍父同泛富春江，乱离重聚，获亲烟水，为生平快事。舟中得诗，每呈文安公削定，文安公教以多读书，曰："思而不学，庸有进乎?"先是，山人居杭散痾，偶涉书肆，得厉樊榭征君诗集，喜其痡峭，途次时时诵之，私淑樊榭盖始此。晋游积诗盈卷，为奴子宝秋窃诵，乃至失去，山人以为可弃，不甚惜也。王考以文安公脱难远来，喜出意外，至之日置酒后堂，团栾情话，顾谓文安公曰："曩京师陷，吾焦忧累日，阿度多方慰我，至谓即万一不幸成仁，亦有数在。彼时岂料有今日乎?"阿度，海容公字也。又谓山人曰："此行苦阿云矣。"是语深入心脾，至今犹能记之。居经月，枢廷累电趣行，文安公念亲老，欲乞休留侍，王考曰：“吾父子受恩重，今君上在难，大局岌岌，吾以悬车之年，犹勉效尺寸，岂汝引退之时？如天之福，国事粗宁，吾得乞身卜隐，汝及时归侍未晚也。”文安公假满，乃驰赴西安行在，则江弟侍行，山人以病不克从，偕海容公送至兰溪。归舟夜泊，忽江涨骤发，缆断，船随流卷去，儆儆欲覆，几榻皆翻，舟子呼天不已，海容公以辫发互系之，曰：“万一蹈水，冀勿相失。”久之，漂至一滩，忽自止，若有呵护之者，酌酒相庆，若更生焉。

山人在衢，力疾课则汉弟读，时复温习书卷，乞王考命题为制艺，亦廉、同甫、景舆诸叔父，皆与山人年相若或差少，游谈甚乐。衙斋之后有园久废，其东小有隙地，醵金营小园，有阜，有台，有假山，有竹径，有篱，有亭，亭以竹为之，栏楯椽柱乃至几凳、联匾之属皆以竹，惟顶覆以茅，作楹语云：“多栽修竹筛明月，时有飞花落小池。”糜白金二十许而已。每花晨月夕，辄醵饮其间，或奉王考游宴。亭外方池畔有木芙蓉十数本，花时最胜，山人以频年归里应试，不及赏也。

是冬，文安公抵行在，擢通政使，直枢密如故，寻兼充政务处提调。时孝钦后锐意变法，设是处综核新政，如宋元丰之条例司。

光绪二十七年辛丑(1901)，山人二十岁。

新岁衢廨换桃符，按察公撰句，命山人书之，仅忆一联云：“曾将素食箴悬特，肯拥黄绌道放衙。”

诏举经济特科，如鸿博故事，命在京三品以上官，在外督抚、学政各举所知，候召试。陕西学政沈淇泉丈举山人应诏，考语曰：“天性孝友，才气无双。”山人愧之。文安公举五人：知府杨钟羲、张鸣岐、叶景葵，编修严修，举人林纾。后张官至粤督，严躐迁侍郎，馀亦各著才节。

衢州教案善后事竣，浙抚请以按察公补金衢严道，另疏叙善后劳，请特赏头品顶戴，俱得旨俞允。初，募团仇教矫诏下，浙抚刘公景韩入臬司荣铨言，遽行之，按察公与方伯恽公崧耘力争不得，于是有衢州教案，酿乱者衢道鲍祖龄也。事详山人所著《庚子诗鉴》。既而鲍道去官，两易人，皆不称任，乃以按察公代之。公莅官，接绅庶以诚，廉得案中首要，捕诛之，而尽释胁从及株累者，郡人感服，外人亦无异辞。恽公继为浙抚，深重公，故以真除请；其请叙劳加秩者，继任任公道镕也。

严州土匪不靖，按察公调黄峙青太守书霖率师剿平之，即使摄严州守。

少莱公自萍乡令移宰新建，来浙省亲。

通政司裁，文安公以侍郎衔权工部左侍郎，直枢密如故。

则汉弟殇。弟在京即患瘰疬，途次失于疗治，至浙益甚，医治不效，遽殇，甫八龄耳。继妣深痛之，不使文安公知也。

秋间，石琴兄自章江来，偕山人归里应童子试。途经江山，见江郎石，森立如人状。又经仙霞岭，遍山皆毛竹，舆掠竹过，拉拉有声，虽晴，有烟雨意。至浦城，易小舟，如榻，仅容二人，过滩疾于飞笴。昼狎滩声，晚看山色，低篷连泊，渔唱相闻，于是得溪山之趣。抵家，居仙塔街宅，始得扫先妣冯夫人墓，瞻拜泫然。居月馀，乃应院试，经古列第三，正场列第二，补博士弟子员，拨郡庠。石琴兄亦入邑庠。蓝衫雀顶，谒祠、拜客如例，簪挂于黄璞里祖宅，叔祖幼培公为之料理。初，山人以"养洪"名试金台书院，得首列，故以是名纳粟为太学生；至是，家人仍以原名报考，遂复"则沄"名，盖有数焉。学使者，望江檀斗生学士玑也。是行获阅里中名迹，如沈氏之涛园、龚氏之环碧轩、吾家之玉尺山房，又尝游石鼓山，缘僻径下，失足伤膝，有诗纪之。归途省南云叔于江阴邑署，因访金匮令伊峻斋，为惠山之游，抵衢，已迫岁矣。

是秋，两宫自陕回銮，文安公先行，至开封扈驾入都，徙居贾家胡同路西，左文襄故宅也。

光绪二十八年壬寅(1902),山人二十有一岁。

是春,继妣挈弟妹入都,山人留浙候乡试,是时已有诏改试策论,王考按察公命题亲课之,尝仿试闱一日课五艺,以验学力。

课馀,从诸叔游烂柯山,又至一僧庵观牡丹,寥落数丛,已居一郡之胜。衢郡西门外浮桥为江山船所萃,即所谓“九姓渔户”也,间偕诸叔及黄子安明经、陈甘卿参军乘月夜出,月光中遥闻琵琶声,有湓江枫荻之想,尝赋《青溪》七律十首,不存稿,仅忆一句云“前身疑是许飞琼”也。

侍按察公与诸叔及幕僚为改诗之戏。

南云公交卸江阴县事,省亲于浙。

叔祖宾实公卒于楚中,按察公假僧寺为位哭之。

是年,闽中鼠疫大作,文安公以山人羸疾未复,戒勿归试,按察公不可,遂偕亦廉叔、同甫叔及西席黄子安同行。途经仙霞、建溪诸胜,山水有情,如逢旧雨。抵里,居仙塔街东院,再展先妣墓。始尝乡园龙眼,形如晶球,甘胜崖蜜,惜荔支已后时矣。应乡试,中式第一百六十一名。主试为宗室克臣阁学载昌,时官太常少卿;吴县吴颖芝太守荫培,时官编修;房师则刘黻廷大令彤寯也。谒祠、告墓、拜客,一如入泮时。乡俗,入泮者以青竹挂绛绸为彩旗,辅以红呢幛,上有金字如“家学渊源”、“翰苑先声”之类,新贵金花披红坐舆中,导以鼓乐,所至聚观之。新举人亦然,惟易蓝衫为青衫、雀顶为金顶耳。是科戚串同举者,有林樨谛姑丈鼎章、陈岩孙姊丈培源,而刘孟纯姊丈列副榜。时亦廉叔就婚华氏,待其弥月始成行,道出马江,沈丹曾丈方以卿衔会办船政,招重游石鼓山,并导观船厂,岁暮还衢。

文安公调权礼部右侍郎,兼权户部左侍郎,直枢密如故。

秋,长男生于衢署,王考命名曰可诜,字以学群。

光绪二十九年癸卯(1903),山人二十有二岁。

正月,过南云公苏寓,居旬日,乃北上省亲。城市沧桑,触目多感。偕从叔丹丞由京赴汴应礼部试,时京师以辛丑和约停考试,故借汴闱举行。抵汴,借居林贻书丈学署,与啸龙舅谈聚甚乐。闱后先归,至沪始知中式第五十四名,即航海入都。是科总裁为大学士寿州孙文正公,而徐东甫尚书会沣、蒙古华卿尚书荣庆、张振卿少宰英麟副之。山人出商州吴莲溪编修怀清房,首场所作刊于闱墨。寻应保和殿复试,列一等第七名,殿试二甲第三十一名,朝考一等第十九名。五月引见,奉旨改翰林院庶吉士,赐表里、旗匾、银两如例。初,山人复试卷为长沙张文达所赏,拟列第一,以首行"修齐治平"漏"修"字当加黄签,虑干上诘,稍抑之。出闱即访文安公,盛致奖誉,且索卷头。咸、同以来,新贵应廷试者,恒录卷中前数行,分致师门交旧之可望阅卷者,殿试谓之"卷头",朝考谓之"诗片",实关节也。文安公性方正,向不屑为此,至是诏山人曰:"一甲不易徼,我家世族,分当让诸寒畯,尔但谒谢张师,卷头勿致送也。"山人遵命,迨殿试,文达果复充读卷,觅山人卷不得,深为惋惜。文安公笑谓山人曰:"尔不得鼎甲,似可惜,实不足惜,吾家先世皆主守分吃亏,到头亦何尝不如人?汝曹立身处世,当守此为法。"山人谨识之。

季妹葆薏生。

夏,召试经济特科于保和殿,山人不与试。初,山人膺荐举,文安公曰:"汝曹何知经济?且吾居津要,尤畏人言,其勿试。"山人谨诺。迨召试有期,文安公又谓山人曰:"廷意不重是科,略可抵散馆试耳,尔入试亦可。"山人曰:"古人以速化为耻,既无足重轻,不如藏拙矣。"遂不入试。时朝士稍知名者皆不应征召。初试擢梁士诒第一,物议纷起,有"梁头康脚"之讥。复试行取阅卷,堂衔皆规避,列者八人,遂俱邀简,文安公与焉。取一、二等凡三十人,枢廷复阅,去其三,馀亦录用,不优,有用州倅者。

秋，举恩科，文安公奉命典山东试。吾家虽世族，未有司文柄者。督部公官翰林科道，屡考试差，皆不得，宣宗召对询及，慰谕有加，然终以为憾事。至是使东命下，按察公喜甚，以为破天荒也。

山人留京寓照料，与同年王莪孙、林季武、何肖逸时共看花游宴，又从乡先辈陈仲勉、许柳丞、林畏庐、沈丹曾、陈吉士、曾又固会饮菊部，顾曲引觞无虚日。柳丞久官郎署，能述道、咸以来朝野旧闻，听者忘倦。仙韶渐替，棋局已非，顾影流连，盖有深于松寥残泪之记者。

往时新翰林初贵，辄周驰诸行省，投闱卷，致扇联，以希缟纻之遗，山人不为也。里中宗族或饰为山人状，四出投谒，不知者以文安公在政府，或厚致膏秣，山人微闻之，亦不能禁。

是冬，自秦皇岛航海南下，迨抵衢，听松亭下蜡梅已盛开欲谢矣。

光绪三十年甲辰(1904)，山人二十有三岁。

是岁，恭逢慈圣七旬万寿，恩诏下，山人以庶吉士加一级，文安公蒙赏正三品荫生，以则江弟承荫，嗣奉旨内用，签分中书科中书。

季父海容公以运判官长芦，迎眷属北上，山人挈妇子与同行，按察公亲送至舟次，拜别凄恋，自是遂不得复侍祖庭，悲哉！

文安公兼权户部右侍郎。

五妹葆英生。

四月，入教习进士馆肄业。时有诏令，新进士一律入大学士〔堂〕习法政[①]，用荣文恪师议也。山人以馆课第一充武英殿协修，寻又派充编书处协修，与修《政艺通考》。馆章，教习参用留学生，多不学者，山人与同辈请于管学，不得执师生礼，又素性伉直，多所驳难，以是忤

---

① 光绪二十八年壬寅(1902)，清廷变通新进士章程，令自癸卯(1903)科开始，新进士中授京职者入京师大学堂肄习法政等新学，接受学堂再教育。故此处“大学士”应为“大学堂”之误书。详参韩策《科举改制与诏开进士馆的缘起》，载《近代史研究》2015 年第 1 期，第 99—112 页。

文恪意。会同辈有赴欧留学者，山人欲与俱，按察公不可，乃止。

秋，文安公五十生日，山人遍征诗文，觞客于宣南省馆。

是岁，与同年温毅夫、胡愔仲、林季武时为折枝吟，恒集于毅夫所居古藤书屋，录所作为《四声集》。

冬，按察公升署浙江按察使。先是，日者为公推命造，谓当主风宪官三品；公守温州时，叔父南云公侍于江心寺，遇异僧，曰："太守好官，后福方隆，但至秉臬时当慎之。"至是得檄，公忆前兆，心颇恶之。去衢日，署中茅亭忽圮，时南云公权宰元和，因属于吴下预营居止，为乞休之计。

光绪三十一年乙巳(1905)，山人二十有四岁。

是岁，仍以庶吉士肄业进士馆。

春二月，按察公卒于浙臬任所。公每岁首必以牙牌数卜一年休咎，多验，是年所得为"七十二战，战无不利，忽闻楚歌，一败涂地"，不觉推牌微叹。元旦谒大府，袖拂茗碗坠地碎，及出，至大堂而蹶，赖同僚扶掖以起，未几遂病。南云公挈养惠弟自苏往视，闻公自语曰："此亦可去之时矣。"自是疾日甚，浸至殗殜。文安公偕海容公乞假归，已不及见。山人留京，闻讣请假，二十一日持服，于寓邸设位，知好多来唁者。浙臬署相传于官不利，历任皆不敢居，故按察公之莅杭，以八旗会馆为行馆，至是即于行馆设幕受吊。百日后，文安公先回京，为按察公设幕受吊于龙泉寺，吊者数百人。

入夏，元配王夫人即病瘵。初，延周松孙丈诊治，颇效，旋复增剧，改延力轩举，服其方亦不甚效，迨秋益甚，以七月二十日卒于京邸，年二十有七耳。夫人婉懿勤俭，待人以诚，三鄗咸惜之。文安公挽以联云："事吾父能得欢心，频年官舍承颜，相见重泉，应叹韶华过眼促；在我家几成故事，他日雏孙念母，披寻谱牒，方知寸草苦心多。"盖自督部公以至山人，四世皆早达，得子旋赋悼亡。故事，现任官及其妻室故于任所者乃得入城治丧，而四世皆符于入城之例，是亦异矣，对语即谓此。又为诸弟代制挽联云：“婉娩无非仪，助贤兄鹗荐成名，孝友家声闻北阙；提携从幼小，触慈母鸰原隐痛，凄凉心事付东流。”两语皆纪实也。八月，殡王夫人于城南三圣庵，山人痛灵鹣之折翼，感独茧而回肠，署所居书室曰“蘅梦盦”，有文写感，失其稿。

是岁，与顾伯寅仲平兄弟、孔季璡、凌定九时共燕游。

其冬，文安公携王夫人柩南归，随按察公遗榇同返闽。入城，设幕黄璞里祖宅受吊，卜葬按察公于龙腰祖阡，为王夫人营葬桃田，祔于先妣。匝月始返。

冬十一月，徙居贾家胡同芳盛园宅，为恽孟乐太守故居，毁于火，兹乃重建，庭宇爽洁，西偏一院稍具花石，邸居屡徙，此为最胜。时石琴、士文兄弟皆以游学至都，啸龙舅以甲辰进士官比部调邮传部，亦下榻寓中，谈聚甚乐。

领到覃恩封轴，山人授奉直大夫，王夫人赠宜人。

光绪三十二年丙午(1906)，山人二十有五岁。

是岁，仍肄业进士馆。

山人初通籍，颇饰裘马、盛宴游，啸龙舅戒之曰：“吾辈未遇时，跅弛纵横[①]，无不可者。既登朝列，即当志为名臣，致力于经世之学，纷华驰逐，无益也。”山人书绅识之。

文安公应农工商部之聘，监督高等实业学堂。是秋，特简王大臣议官制于朗润园，奉命协同修订。

诏设陆军贵胄学堂于京师，山人由翰林院咨送为听讲员，同堂以宗室王公为多。

是岁，叶稚愔侍御起官来都，续举榕荫堂律集，山人与焉。旧人外，有周熙民师、黄嘿园丈、舜卿从弟。

进士馆同人请改进士馆为高等法政学堂，荣文恪不许。其冬毕

---

① “弛”之“弓”部，原稿写作“⻊”，似为一时误书。现据文意径改。

业，山人积分居第一，又依散馆例，钦派大臣考试，仍山人首列，然以事再忤文恪，忌益深。盖同年胡愔仲久居疆吏幕府，不到馆者年馀矣，忽来应毕业试，以曳白为虑，山人使坐于顾伯寅、仲平兄弟之间，有不能答者为指引之，事为监试孟黼臣参议所觉，指伯寅为传递，将扣考揭参。山人念无以对伯寅，乃挺身出与抗辩，冀与伯寅同罪，黼臣语出不逊，激众怒，几至罢考，监督张文厚出为调停，事乃弭。伯寅罚俸半年，山人以事非干己，谴罚不及，终以为愧。前列十九人皆调学部，山人以首列向隅，则文恪之薄惩也。

光绪三十三年丁未（1907），山人二十有六岁。

春二月，引见于勤政殿，山人领班，奉旨授职编修，并记名，遇缺题奏。

仲父少莱公服阕起官，来京，授江西上饶令。

夏，仲弟则江娶于沈氏，丹曾京卿丈之女也。

时科举已废，翰林升途奇滞，学部奏派进士馆毕业诸员赴日本考察法政，山人因请留学日本，更资深造。七月，省南云叔于吴下，居旬日，乃与林若卿姑丈偕行，舟中酬唱甚乐。抵神户，易车至东京，止于集贤馆。久之，同年渐集，乃由使馆介于文部诸省，导观公廨、学堂、文库、工厂，以逮警察、邮电之属，成《东瀛采风记》二卷，今不存。复听讲于早稻田大学。是校伯爵大限重信主之，迭招公宴，款接尤殷。地殊禹域，俗近唐风，阛市之间颇知礼让，圭荜之户亦具亭园，民以尊君敬长为先，士以泽古通今并重。而潜察中邦游笈之徒，邪说鼓簧，乖漓百出，昌言排满，侈口革新，甚至污御名于厕牏，视天亲如仇敌。耳目所见，动与心违，忧痗交乘，不期疾作。初延俗医，治之不效，适郑倓忱同年留学于此，日来诊视，累旬乃瘳，遂浩然有怀归之志矣。先是，徐菊人师开府辽左，欲招入幕，山人已辞之，闻山人不安于东，复飞电延聘，于是偕伯寅、仲平及若卿丈同舟归国。舟中追忆瀛游，成《江户竹枝词》百首，尝刊行于辽，今录十首入诗集中。归途自苏而蓟，乃至沈阳。京邸临行时，文安公检白风毛短褂以赐，曰："此督部公军中所服也，尔今出佐戎幕，正复相须，勉继先型，勿忘祖烈。"山人谨受之。故事，督抚幕府之称皆曰文案，辽东创制于文案之上置秘书官，待以宾礼。山人至辽，即日聘为二等秘书官，同事为张兰圃侍御、刘伯崇殿撰，共掌机密文电，而山人兼治奏草。菊人师谓山人曰："君才仆所知也，顾奏章格式或未深娴，今试作之，吾当亲为削定。"于是每作皆呈师手改，数篇后师以为可，不复改矣。时珲延边务方急，文电往返，密若秋荼。师使与伯崇同任之，伯崇性疏懒，夜则疲于手谈，乃使山人专任之。自遣员命将，迄于设治定倾，积牍如山，几于腕脱。岁暮，复从菊师周巡吉林、黑龙江，冰雪载涂，殷寒裂指，登车未旦，嘘气成棱，宿匠于薪，剥肤欲炙，犹复冻呵盾墨，争倚马之匆匆，梦破铁衾，促篝灯而役役。两省改制，分域设官，皆是时所定也。还沈阳已岁暮，即乞假归省庭闱。

是夏，敦宜皇贵妃薨，文宗妃也。上命山人敬书神主，时山人已出都，乃奏明改派，当时已奏派游学有案，不知何以邀特简也。

文安公服阕起官，封章陈五事，曰"信诏令""定国计""挽积习""融成见""明学术"，皆切中时弊。所云"挽积习"者，备言苞苴馈遗，竿渎夤缘，巧计钻营，昌言运动，敛民财以媚权要，侵公帑以饱私囊，且谓"表正者，景必端；源清者，流自洁"，而归其责于政府大僚。疏上，两宫览之动容，时侍郎悬缺者三，命择一以畀。枢邸恶揭其隐，谓三缺皆有人当补，遂授邮传部左丞，逾月署右侍郎。尚书陈公蹶起，资望皆在公左，公处之夷然也。

冬，山人以东赈叙劳，加侍讲衔，并赏戴花翎。

文安公调署礼部左侍郎。

光绪三十四年戊申(1908)，山人二十有七岁。

春正月，还沈阳。菊师招吉、江两抚至沈阳，会奉抚筹议三省因革大端，两参赞及山人皆与焉。凡所筹议，由山人笔之，参以论断，荟萃成帙，后来编辑《东三省政要》，其见诸施行者大率本此。

文安公授礼部右侍郎。时邮部薪糈特优，朝官以为美除，故文安公不得久于其任。公曰："吾以曹司起家至卿贰，主恩至重，曷敢不勉？"尝为庚子死事袁昶等五臣请谥，乞以特旨行之，示恩出自上。有请以王船山、黄梨洲、顾亭林三儒从祀两庑下，廷臣议颇有异同。公单衔具疏，谓"前此议驳，不无门户之私，请悉破拘牵，特伸乾断"。又以时论所致疑者附片，反复辩之，皆得旨允行。时有旨变通旗制，御史赵炳麟以画一满汉服制为请，下礼部议，尚书宗室溥玉岑师欲强汉从满，张文厚佐部力争不得，以忧去。公再莅部，根据经史及先朝成训，为六不可之说，逾千言，玉岑师无以难之，卒如公议复奏。张文襄在政府，叹曰："百年来礼官一人而已。"其授礼右，枢邸亦别有所举，上特畀之。

文安公命山人就姻曲园俞氏。三月，请假还京，旋南下，时南云公构吴下新桥宅，具花石廊榭之胜，于其中设青庐焉。王旭庄舅氏、沈旭人观察为媒妁，以四月迎娶俞夫人成礼。俞夫人为曲园先生曾孙女，阶青编修年丈之长女，娴琴棋，擅吟咏。督部公曩抚吴，与曲园公往还甚洽，文安公悼亡时尝为其孙女议昏未谐，盖两家渊源旧矣。居吴月馀，恒就何平斋丈郡斋为击钵吟，又历游虎丘、寒山及沧浪亭、狮子林诸胜。得辽左书，始知有诏令中外大臣举人才，东三省督抚连疏荐及山人，考语称其"谙习掌故，通达政事"，连犿至数十言，菊师且为致书枢臣，盛为延誉。事出不期，适滋惶愧。五月，偕俞夫人至京寓，庙见如礼。养惠弟以捐纳部曹同行。逾月，考验诏下，钦派大臣四人，荣文恪师与焉，于公同加考外别增二语云："若老，其才堪资任使。"盖以贾长沙之年少兼嵇叔夜之不堪，师若深知之也。是秋七月，召对于仁寿殿，两宫垂询东事甚悉，山人侃直敷陈，颇称上旨。慈圣询及"汝兄弟几人，若辈曾出仕否？"又谕曰："诸大臣皆称汝才，往者中兴立功诸臣多由幕府荐辟，汝世臣，当益勉之。"谢恩而退。以菊师累电敦促，遂复度辽。九月，奉旨以道员记名简放，同与考验者，林惠亭、袁树五两编修皆用京卿，而山人独外用者，盖上意知其奏调在外，且谒晤枢臣时尝以乞外自陈也。外用道员者，或记名简放，或交军机处存记，以记名简放为优。山人闻诏还京，由翰林院代奏谢恩讫，即挈眷出关。陈吉士丈摄长春道，将行，因分其甘石桥半宅以居，同居者吉士子元概也。

冬十月，德宗景皇帝、孝钦显皇后先后上宾，遗诏以醇亲王长子入嗣穆宗，兼承大行皇帝之祧，继膺大统，由醇王监国摄政。时山人将从菊师再巡吉、江，已俶装矣，闻哀诏而止，从菊师及参赞司道易素服诣大内，举哀如制。

十一月，奉旨授浙江温处兵备道。前道贺某为台谏劾罢，疆臣、枢邸各有荐引，监国意皆不属，曰："此必用汝等所保者耶?"枢邸对曰："海关道向由特简，臣等所举，备采择耳。"监国即命取记名人才单以进，山人列第一，立加朱圈。枢邸又言："郭某年少，恐尚须历练。"监国怫然曰："服官非历练耶？且先朝记名之谓何?"枢臣惶恐，承旨而退。先是，周泊园师为左参赞，尤爱山人才，会擢江抚，欲招之相助，菊师不可；至是，力请以山人补呼伦道，电牍甫至，而温处简命已下，深以为憾，致书山人曰："君才如天马行空，恨不得共支边局耳。"后山人浮湛浙中者三年，其继为呼伦道者已洊秉疆节，离合升沈固有数在。故事，京曹外简必谢恩召对，菊师以山人专理珲延边务文牍，一时难得替人，奏请暂缓赴任，并代奏谢恩，得旨俞允。文安公以山人骤居外任为忧，闻之乃释。

宣统元年己酉(1909)，山人二十有八岁。

登极诏下，山人加级予封，文安公应得正二品荫生，以三弟则济承荫，嗣奉旨内用，签分民政部主事。

延吉边务叙劳，以应升之缺尽先升用。奉天行省定章：二等秘书官月支薪水银四百两，山人止受其半，迨召对后返辽，菊师欲为改列一等，复固辞，师深以为疚，故有是奏。

《各国政艺通考》成书，进呈，奉旨赏加二品衔。

是春，菊师内召为邮传部尚书，奏请饬山人赴浙任，山人暂留助之。继督东者为锡公清弼，固晋阳旧识也，误入人言，讥山人裘马第宅之侈，至薄海关道而不为，语皆失实。山人闻其将至，即先辞入关。居京师月馀，依恋亲舍，不忍别。尝与同年温毅夫、袁小偁、汪鹄飏、顾伯寅、仲平于柳湖、崇效寺赏花吟集，有诗纪之。又赋《留别都门旧雨》四律，有句云："依刘作赋从多感，荐祢陈书但爱才。"又云："贾生前席惭年少，严助移官出主恩。"语虽不工，要皆纪实。同年故旧和者至数十人，鹄飏且为序言赠之，勖勉深至，录为《金台录别集》一卷。四月，南行省外舅吴下，又省南云叔于如皋任所。逾月乃入浙谒大府，于六月初旬抵瓯受事。瓯关以春夏为旺月，而山人以南北留连失之，盖服官之志不系此也。初至，解装于曾氏园，又旬馀，乃徙居道署。署之东偏有且园，铁岭高且园司寇其佩分巡时所筑，有剜绿轩、衔远山亭、簃廊藤径、亦舫、养竹山房、小春草池、莲勺梅花书屋、松化石斋诸胜，剜绿轩后芳塘数亩，遍植白芙蕖，尤宜结夏。山人于其间拓披香榭，为公馀延憩之所，作《披香榭记》。

故事，属吏初谒上官，必具手版履历以进。山人别制简明格式，令需次各员亲书之，以觇其文理。佐贰杂职谒道府，向皆肃立以见，曰站班，无列坐者，山人独令就坐徐谈，以验其言论材识。有王某者，挟时相书，于客坐面投，山人曰："吾岂徇朝贵者？"牌示痛斥之。既而知其寒士穷途，强就末秩，复稍试以事。绅衿来见者，无贵贱，皆以礼款接，俾尽所欲言，其以私干者必斥。与郡人陈经夫、刘次饶、黄胥庵筹商兴学，事事推诚，众皆翕洽。吕文起观察、徐班侯侍御为按察公门下士，余筱泉编修与文安公乡举同年，陈介石户部与山人齐年成进士，于山人推挹尤至。

六月廿八日，郡绅邀镇、道、府、县集商会议事，初无筵设，山人赴之，劣衿某以斋期宴会讦于大吏，大吏令藩司查办，颜小夏方伯谓与山人世交，请回避。因之众论哗然，杭州《民吁报》至著为论说，胪举山人世受国恩、躬膺殊遇，而痛斥其大不敬，意在诈索，山人不顾。嗣大吏别令臬司详查，得实以闻，其事乃息。时提学支芰卿引退，大吏密荐山人继之，稿已具矣，以是中止。

山人初至，见沿街警察不设岗位，不备服装，讶甚，询知经费不足，任事者学识亦不足。乃征调人才，悉加整顿，其制置乏费，皆出廉俸助之，规模乃具。又创设农业学堂，延郡人施震泽为监督，增设贫民习艺所，以杭人劳勤馀为所长，开办经常诸费，亦山人撙节供之，不取于民。施任是校至十数年，成就甚众。劳于习艺所首设竹工、机织两科，所出花竹席、绸光布，远近争购之。道兼督海关，旧章：商货之漏海者，每缉获，悉数充公，实则监督私利之。山人曰："充公而入私，是侵帑也。自后获漏海，皆投标变价，以充各学堂经费，月计其数而公布之，著为例。"捐私济公，士绅翕然。自履任迄是冬，积亏将及二万金。

各行省官署置刑、钱幕友及稿案、门丁，由来久矣。山人莅官，暂仍之，数月后悉裁去，改用候补牧、令等官为幕掾，分科治事，长总务科者邵幼赞大令玮也。馀若符笑拈、查荩臣、林鲁生、桂绳斋、杨毅人等，亦各有资历，或为按察公旧僚，或于交旧中采材望用之。时距按察公即世仅五年，旧人多尚在，笑拈、荩臣外，如家丁岳升、吕福，庖役阿宾，皆尝事按察公者。公之任衢道，实继黄道祖徽，至是，复与山人相代。浙人于按察公有"郭佛"之称，遗爱久而不沫，父老闻山人至，皆欣欣然相告曰："此'郭佛'孙也，天道不爽哉！"郡之积谷山亦名"郭公山"，有亭曰"富览"，林壑称美，按察公守郡日兼摄道事，尝手书楹帖锓木悬于亭，岁久失去，乃录句乞山人补书之，以存遗迹，人以比甘棠之笏焉。

瓯关税款，向由监督分存于各银号，而私其利。山人至，始筹设大清户部分行，荐郡人某主之，凡税入悉归收贮，如各国金库之制。

秋八月，次子可诚生。生时，郡守吴博泉学庄适在客座，因字以学庄，号雁潭。先是，山人初莅瓯，悉屏供帐馈遗及铺堂换季各费，数亦不赀。迨筹设习艺所，以语永嘉令陶某，冀属邑稍分任其费，意未尽申，而陶令固称缺瘠，有难色，山人遂独任之。值山人生子弥月，陶忽具厚仪来馈，山人不受，且讽之曰："君缺苦，忍相累耶？且仆出自京朝，但知公事，不识酬应。后勿复尔。"陶失色，谢过而退，未几遂引疾去。

诏设馆纂修《德宗实录》，文安公为副总裁。

颁到覃恩封轴，山人授资政大夫，元配王赠夫人，继配俞封夫人。

是秋，航海由沪入杭谒大府，言地方利病因革及守令优劣。归途经海门，止于高颖生丈榷局者二日，丈于庚子危城中尝与文安公同寓，翦灯话旧，俯仰感欷。

杭人有目山人为"芽儿道"者，以山人官年只二十有五也。时台州守刘宗标年八十馀，恋栈未归。又为之谣曰："老者太老，小者太小。"山人一笑置之。然自以年少临民，恐滋物议，益厉丰采，每舆出，途遇佳丽，容顿庄，目未尝旁瞬，至为郡中游女所笑，有诗自嘲，见集中。

是冬，陈香雪丈海梅由龙泉令罢官归，过瓯，留榻于含晖水阁。丈耽诗，因与司李陈妫卿同年，幕僚符笑拈、杨縠人、杨啸渔、陈毓陶，亦廉、步兰两叔，排日为折枝击钵之戏，赓唱达夕，主客相忘。时亦廉叔奉差来此，即留署度岁。

同甫六叔取中优贡，新章推广寒儒出路，增、附诸生亦得与试，故叔以附生得之，曩未有也。

宣统二年庚戌（1910），山人二十有九岁。

初春，吕文起招同余筱泉年丈、陈经夫明经、吴博泉太守泛舟，至茶山探梅。是日微雨，山景特幽，惜花事未盛，作《茶山探梅记》。

香雪丈下榻衙斋数月，鏖诗甚乐，二月将归里，饯之于孤屿江心寺，座皆幕中宾僚。陈伯秀娴绘事，作《春江送别图》，山人有赠诗，又别为序，馀子各有诗题于图后。

法部行各督抚举堪胜提法使者，浙抚增公举山人以应，由部汇奏，奉旨以提法使交军机处存记。

三月，赴杭陈地方事。过沪，适仲父少莱公之丧至自西江，哭奠舟次。仲父已擢义宁牧，仍权上饶令事，卒于官，盖患瘴湿而误于俗医。生平持躬以道，所至有惠政，而诸兄弟未具行述及志墓之文，泰和绅民欲求其事迹入邑志名宦传，竟不可得。工诗，不留稿，今仅存数首，见《榕荫堂律集》。

瓯属山民多种罂粟，以利厚也。时烟禁方严，令一律拔除，而不能悉绝。大吏遣佐职某查禁，至瑞安，不会营、县，独入山，遇苗即拔，乡民护利，且不知其为官，聚众抵拒，竟戕之，各鸟兽散，莫得主名。大府责捕凶甚急，邑令某欲苟捕乡民塞责，山人知之，亟解其任，使符笑拈往摄，缉凶定案，民得不枉。

是夏，郡城米荒，莠民聚众滋事，劫某推事以去，盖审判厅初设，讼必收费，判辄罚金，民误谓贪婪，故深恨之。守令出弹压，步行追至东门外，苦口晓谕之，始得释。推事等欲张大其事，以山人言，乃从轻典。或以水懦为讽，山人曰："吾以宁静安民为主，但得地方无事，所全多矣。"先是，米石出口有禁，奸商某请弛禁运米，当以巨金为寿，山人痛斥之，至是米荒果起，若有先见。

其秋，署浙江提学使。前数日，幕僚桂绳斋彦文来启事，谓山人曰："公额有黄气，三日内主有升迁之喜，敢以预贺。"山人笑曰："今之迁官者，必有夤缘。吾不干于人，安得有此?"邵幼赞曰："绳斋颇谙奇门，其言非妄发者，公姑俟之。"既而省檄果下，遂挈眷行，幼赞、绳斋皆从。启行日，各学堂生徒列队至署相送者凡二千馀人，各有所馈，山人却之。女生且求见夫人，俞夫人以礼接之，各致温谕。郡之绅衿为诗文相送者亦数十人，沿途络绎不绝，既登舟，犹有袖诗追送者。山人手录成巨帙，署曰《瓯江去思集》。抵省，谒中丞增公，即受事，拜疏谢恩如例。增公采虚声，强令兼综幕府事，其时所谓"秘书员"也，而署中仍称以"总办"。山人固辞不得，乃任其事，而却其兼薪。于是每晨接晤属僚讫，即趋府判牍，兼之会议，期会酬应，竟日鲜暇。迨夜深归学署，则公牍堆几者数巨束，取次披阅，往往迫曙。署为学政旧廨，有约园，擅花石台榭之胜，阮文达督学时所营也。有斋在丛竹间，颇阴翳，山人以为休憩之所。竹外有池三亩许，遍植芰荷，中为亭，板桥通之，是为定香亭。时秋荷已尽，山人于其中置菊墩，安茗具，每隙暇辄把卷独往，小坐移时，欣然忘俗。杨味春观察偶过访池亭间，笑曰："阮、潘馀韵，不图复见于今。"山人深愧其言。《约园读书记》即是时所作。

山人欲于任期中创举一二事，为他日记忆之资。邵伯絅同年时为学务议绅，语山人曰："浙西之民仰于蚕绩，自泰西铁机盛行，大利渐为所夺，及今创设工业学堂传习机织，庶几当务之急。又，西湖尚无学校，倘于南屏增置小学，公异时湖游过之，聆其诵弦，亦一快也。"山人韪之。于是度地于旧铜元局以为工校，以私交浼藩司为筹开办各费，聘德清许炳堃为监督，凡两月而成，由山人详请奏咨立案。炳堃督是校十馀年，成绩大著。毕业于校者若干人，出而创立纬成、绮霞诸公司，别制铁机绸缎，风行遍南北。后十年，浙江省长上其事于政府，炳堃等奖叙有差，赠山人一等宝光章，非山人意也。南屏小学方筹款立案，而瓜期已及，不知继任者终成之否。

山人与常熟孙希孟幼同学，别于庚子围城中，至是来访，山人延诸幕中充襄校。值岁暮，希孟将归省其亲。山人招同幕僚泛舟西湖，置酒于刘氏庄，是日遇雨，仰睇云岚之幻，侧睨沧桑之变，深谈竟日，感喟百端。希孟赋长歌书扇，山人和之，又作《湖船话雨记》。晚年习绘事，复补为图，则希孟前卒久矣。

山人先以助振得二品顶戴，既以进书赐衔，乃改奖正一品封典。是冬颁到封轴，山人晋光禄大夫，王夫人晋赠一品夫人，俞夫人晋封一品夫人。

时俞夫人娠已及月，以山人将卸篆，先期归宁吴下曲园，生长女可谱。十二月，山人交卸提学使事，即移居浙江图书馆，领馆事者，阶青外舅也。中丞增公欲留山人权杭嘉湖道，而瓯绅在杭者徐班侯、陈介石皆欲其返瓯，乃以山人意决之，山人自请还本任。又以署温州守冯某庸鄙不称职，请解其任，荐李太守前泮继之。李为湘人，忠武公之孙，久任牧令，有政声。山人访于浙绅而用之，初未尝识面也。岁杪启行，至吴中度岁，僦居醋库巷，小斋幽雅，庭有蜡梅。时杨杏城侍郎亦在苏，与其兄蔚霞，许子元、洪鹭汀、汪颉荀三观察，何肖雅太守，棫仲芃尚衣，王旭庄舅氏，俞阶青外舅，排日为诗钟之局，每集必招山人，客中颇不寂寞。

温处道岁入可五万金，山人任之年馀，素不善撙节，又多耗于地方公用，计馀积仅万金耳。

宣统三年辛亥(1911)，山人三十岁。

入春，连日吟宴，灯节前始挈眷至沪，偕李太守同舟赴东瓯，即受事。开印日，排衙受贺，前此无之，盖国服未除也。

春日举祀典，至陈真亭先生祠，独为文祭之，以同里后进也。感时艰，怀先烈，有以身许国之意，后来蹉跎不践，惭负初心。

道兼辖海防局，设巡船四，为护商之用，每值旺季，不敷派遣，至是添设二艘，其费不增取于商，由山人竭蹶任之。

新军为镇三十有六，浙居其二，中丞增公既裁绿营，欲更募两镇，以一镇驻瓯备海防。山人闻之，叹曰："此召乱也。"自草电牍力争之，谓"温处向有防军，新、旧杂处，难保不生冲突，且无要塞可置营垒，地偏土瘠，供亿尤艰"。又令郡绅分电争之，且密电在省郡绅合力谏阻，累电驳诘，抗争益力，讫得请乃止。又念致乱之机终必由此，欲具疏论之。往在雍、乾，虽有监司言事之诏，而无敢抗章尝试者，虑骇众听，且难俯纳。因寓书同年温毅夫侍御，谓"灞上军容，无非儿戏，沙中偶语，已兆鬼谋"，劝其"效执简之争，申佳兵之戒"，毅夫不答。后晤毅夫，乃知有疏言之，留中不发。

裁缺温州镇何祥麟卒，大府檄山人暂管总兵事，办理善后。

就且园剜绿轩为治事之厅，率幕僚等同堂治牍，自到文削稿以至监印缮校，皆于是间行之，事无留滞。时符笑拈权瑞安改代为署，查荩臣亦出宰乐清，续招刘孟纯姊丈、凌定九别驾、陈章民经历入幕。时大府通檄各道分科置掾，巡道之较简者，向只延刑幕一人，一旦置员，增费皆有难色，而不知山人预行之矣。

李橘农提法引疾去，遗缺待简，山人先经存记，公望皆属之。吴世缃密电述菊师意，谓枢邸风示索万金，山人固非甚裕，尤耻以贿进，婉词谢之，遂不果迁。

其夏，则江、则济自京师来，因与同游孤屿、飞霞洞诸胜，幕中诸子置酒仙岩，同泛舟赴之，酒后登山亭，忽瞑眩僵卧。山人向有是疾，一发于三衢江舫，再发于京师酒肆，至是而三。武巡捕某弁旁侍，亟出暑药疗之，良久乃复。使于是时飘然长往，不复见移鼎之变，宁非快事哉？时山人于荷池畔辟小轩，系船于侧，两弟即下榻轩中。公暇每棹舟容与花间，或于轩外朱栏间支榻共话，为频年未有之乐。一夕，话及革党，两弟谓乱机四伏，恐难久安。山人曰："我朝以忠厚定基，即至今日，抚叛宥嚳，务从宽大，亦忠厚之至也。人心虽复思乱，以天理衡之，当不至此。"庸知祸患之发曾不旋踵，而吾辈且永为负恩戴罪之人也。近年题瓯署且园摄影句云："回头顾甑犹馀幸，转眼沈舟不自怜。"摄影即是时所作，同摄者孟纯丈、两弟及山人耳。

郡城海塘岁久失修，往往淫潦为患。偕郡绅、郡守同往勘之，估费当三四万金，既非独力可举，又不欲增重累于民，为之彷徨累夕。

内子于正屋后架木为台，稍设栏楯，置藤竹几榻，晚凉月上，相与登眺其间，俯视后园，林亭苍蔚，牧马啮草，出没如羊，卧榕蟠烟，突兀疑鬼，清飙时至，溽暑都忘，遥听辕门，二鼓鸣矣，乃徐下就寝。亦结夏之一适也。

与郡绅筹设法政学堂，详准立案，其费捐廉俸任之。凡新政案牍，皆山人手自属草，积久成帙，录之为《瓯东尘牍》一卷。

山人之莅浙也，文安公于家书中屡以"位不期骄，禄不期侈"为戒；其权提学，文安公手书云："汝少年通显，皆先世积累所贻，当思黾勉立身，人生贵贱，初不在名位也。"是岁山人年三十，公又举阮文达茶隐故事，谓可效法，且寄高且园《雪竹图》赐之。山人于览揆之日，闭关谢客，寸锦尺笺，悉屏勿进，遵庭训也。

礼部改为典礼院，文安公授副掌院学士，寻权掌院学士。

八月，武昌变起，山人屡招郡绅集议，以大义交勉，矢匡王室，祸福共之。汉阳捷音至，官绅相庆，以为旦夕荡平矣。讵意勒兵不进，坐长埃氛，风鹤喧腾，连疆瓦解。山人俸积悉储于大清户部瓯行，俞夫人请稍移之，以防不测，山人慨然曰："苟大清不存，吾辈惟一死耳，须阿堵物何为？"夫人曰："君果尽忠，妾誓当相从。"检奁中，出金指环二，分绾之，曰："事急时，未必同在官舍，但闻城陷，即吞之，期地下相见。"方与防军规防守，忽奉檄调署巡警道，饬郡守暂护道印，俾迅赴署任。巡警道列诸道之前，实粗官也，非山人所愿，然不敢辞。即交卸，束装待发，同时密电致董季友，询所以更调之故。瓯人闻山人移官去，皆惶骇，累电大府乞留，其来署攀留者，日必数起，或至垂涕。然省电促行益急，季友电云："绅界有言关西酗酒者，帅面诫之，因至顶撞，方伯调解，遂有是调。帅亦知公抱屈，柏台闻将乞休，或有后命。"山人将行，而省垣沦失，官绅集议于中学堂，或谓山人曰："省之不存，公将焉往？吾瓯仍倚公耳。"山人曰："吾已奉调交卸，自非在任之比，今亦无论在任与否，且无论为官为绅，同在此邦，利害与共，皆瓯人也，盍谋所以维持之策？"于是公议设官绅维持会，而山人要以勿悬白旗、勿易年号，皆曰"惟公之命"。山人归署，笑谓俞夫人曰："果能为钱武肃，则此间亦乐土也。"时李幼梅观察以督销驻温，亦同与斯议。越旬日，忽省电至，曰："北京光复，载沣逃，奕劻捕。"山人决其伪。而护道李守扁舟遁去，寄眷属城中，珍器一无所携。莠民利所有，聚众劫郡署，至千馀人。山人传同知、通判及防营统领，同知亦逃，仅通判武毓秀、统领梅占魁至，于是同出弹压，众闻道辕鸣炮，咸愕然相怼，曰："孰谓道爷行者？道爷固在也。"山人命胥役传谕，以各安生业，勿祸桑梓，皆环跪听命，在后者潜散去。是夕，偕武、梅二君遍巡各城，地方静谧，还过郡署，寂无一人。次日，众绅来谒，曰："公之力主维持，以有待也，今北京已下，复何待？"山人曰："此伪电也。若果确，必别有消息，且姑待之。"众曰："向所恃以行政临民者，以李守在，李以一身兼道府县，今去矣，将何所措计？惟奉公为都督耳。"山人力持不可，且曰："苟相迫者，惟有一死。"众怏怏去。山人使劳勤馀示意，令举梅占魁，众乃推梅都督。悬旗之日，山人徘徊小春草池畔，屡欲自投，念老父在难，恨不得一见。又念丈夫当回天浴日以报主恩，徒死亦沟渎耳。遂决行出，居招商局者两日，海船至，乃挈眷偕发。是日，梅统领列队相送，郡绅刘次翘、黄胥庵、施震泽等皆送至舟次，垂涕而别。山人辛亥前有诗四卷及《东瓯尘牍》《瓯江去思录》《金台录别集》，于濒行时尽焚之，曰："蹉跎不死，负罪千古，勿徒贻后人唾骂也。"

抵沪，僦居麦根路舢板厂，与外舅同居，始知京师沦陷之信非确，瓯绅有追至者，持徐班侯侍御电曰"留郭督梅"，请山人复返。山人一笑谢之。逾数日，郡人又辇筐篚箱箧以至，几案帘荐之属悉以还山人，曰："吾侪庶几不负公也。"山人所馀俸积存于瓯，郡绅亦陆续归之。常镇道某，故交也，叩山人以交代之法，山人笑曰："公等皆拥累累者以来，仆则孑然一身，取给于州人耳，是安可同语哉？"

司道之避居于沪者日事宴游，亦屡招山人，山人曰："此岂吾辈宴乐时哉？"往往中坐不乐，悄然避去。寂居无聊，日阅国初以来诸家诗集、笔记，取其诗之有关史料者手录之，《十朝诗乘》纂辑之功，盖始于此。

菊师闻山人至沪，语文安公，使召之北来，当有位置。山人作书自陈罪戾，不敢再叨荣伍，而愿以前敌自效。菊师不报，书存集中。

是冬，南云叔始至沪，叔已请补川沙同知，尚在如皋任，以强项忤巨绅张某，必欲置之死地，赖程雪楼以巡抚为都督，勒令解省，乃免。雪楼欲招山人入幕，不赴。

梁稚云大令，吴中旧识也，至是遇于沪上，犹完发如故。山人与共宴谈，深相契重，酬唱中有“猿臂雄心不受封”之句，谓夫己氏也。及逊政诏下，益感愤，申志互勖。山人赠以诗云：“憔悴羁栖我与君，麏麚野性自为群。千秋公是悬青史，一代遗贤隐白云。”后四语今忘之矣。

三子可诠生，字以学衡。

宣统逊政后一年壬子(1912)，山人三十有一岁。

正月，京津兵变，大掠。时继妣率全眷避居天津日租界，文安公仍居京师芳盛园，以逊诏下，大局粗定，先运箱箧等入都，中有资积，途遇变兵，尽劫去，仅馀一旧瓷瓶携归，继妣曰：“但得平安，足矣，赀物不足惜也。”然老怀终不能释然。文安公初不深知，而俯仰家国，亦悒郁不乐。山人遂无自全之策矣。

是春，北上省亲，居芳盛园数月。修门再入，触绪万感。与同年胡愔仲、温毅夫、黎露苑及啸龙舅迭有唱酬之作。文安公性独嗜书，俸馀积书颇富，山人与则江弟逐一检理，列册存目，又侍文安公与仲起叔、石琴兄为扶鸾之戏。降乩者娄真人，为有明遗逸，所言皆道义之谈。尝于乩坛致玉桃为文安公寿，山人至今佩之。时菊师以太保居禁近，见山人至，甚喜。山人欲乞南斋或《实录》自效，师笑曰：“此岂能救贫哉？”同时晤蕫斋、槐楼诸老，则谓“共和之制非鼎革，公仆之任非贰臣，帝号依然，宫廷无恙，亦无殉国理”，山人不敢置一辞也。初秋，返沪。

沪上徐氏园与旅居密迩，亭榭萧疏，竹间小轩尤胜，山人每与何肖雅丈、王旭庄舅、梁稚云、陈次耕、南云叔携具往游，流连至晚。西风渐起，生事萧条，尝有句云：“负薪难乞青山隐，采蕨还供白发亲。”编集时删去。是岁，文安公及继妣生日，亦于徐园置酒款客。今园犹在，闻削而小之，仅存其半矣。

钱幹臣丈去冬自陕来，时共谈宴。陕乱时，丈方摄抚，举枪自击者再，枪弹深入，竟不死。余劝其往访张绍轩，共图匡济，丈于是迭有徐郡之行。

其冬，同年张乾若长秘书省，邀余为秘书，行止两难，踌躇累夕，计馀积不能支一岁，而衰亲困悴，忍计孤全？悔不如鹿城一死矣。或曰："秘书，幕职也，君以此养亲而终守夙心，臣事故主，或于中尚有得当之报，不亦善乎？"山人不得已从之。十月入都，初居芳盛园，时尚无例谒之制，因与乾若约不面白宫，不与外间接洽，但为任笔札之役。既而项城必欲见之，乾若强山人同入谒，项城曰："君官为革党所革矣，极彼所为，不至于土匪国、禽兽国不止，其不终沦于土匪、禽兽者，犹赖吾辈努力图之，但使国事转旋，尺蠖之伸，何患终屈？"山人进曰："公言良允，然国家不沦于土匪、禽兽者，必赖纲纪维之，公诚以振导纲纪风示天下，颓波可立挽也。"项城问振导之方，山人曰："民国之成，实本于孝定景皇后之让德，中外所公认也。为公计，惟有尊崇皇室而巩固之，俾天下知纲纪之重，皇室固，则民国亦安矣。"项城嘿然久之，复周旋数语而出。自是以讫项城之逝，无复私谒。而项城已潜忌之，山人不自知也。

十月，次女可定生，弥月后，俞夫人挈同可诜、可诚、可谮、可诠北上，以可定幼，留苏寓，乳哺之，旋殇。山人僦宅于东城演乐胡同，与则江弟同居。时津寓移京不果，文安公交卸典礼院，仍总裁《实录》，每往来京津间。《实录》自国变后经费无出，笔札之需皆馆员自任之，始终不懈，以底于成。宫廷亦优遇之，每岁时令节恒拜纱绮之赉，文安公有与同馆唱和诗及纪恩诸作，见《匏庐诗存》。

是年，仲妹适朱；逾年，则济弟授室林氏。

后二年癸丑(1913)，山人年三十有二岁。

是岁万寿，文安公偕诸旧臣祝嘏如礼，山人从文安公后，呈进如意申祝。每呈进必有回赏，山人所得瓷盘、瓷瓶及尺头为多，不备纪焉。

孝定景皇后崩，宫廷丧礼一如旧制，民国别于三殿设追悼会，以表扬让德。山人不往，而自附于遗臣之列。先是，项城与党人议订条件，曰逊政，曰皇位仍存不废，其奏陈于孝定后者，谓“所让者政权而已，于皇室之尊荣固无损也”，孝定后信之，亲贵大臣惟恭邸力争，馀皆守嘿，无敢揭其隐者。迨大清门改为中华门，后闻中涓言，始觉之，自是郁郁不乐，以至上宾。

时北省官制未改，吉林提学使缺出，乾若推山人任之。山人固辞，又强之，则曰：“吾以佣书养亲耳，岂慕官职哉？”适吉省电保郭洞白，乃得解。厥后乾若长农商部，强山人任次长，山人辞益坚，乾若怫然曰：“君岂能一世不为总、次长乎？”山人笑曰：“是吾志也，苟为总、次长者，君勿以人类齿之。”坐是，与乾若失欢。

是年上巳，梁卓如招客三贝子园修禊，山人与焉。耳其名久矣，及闻其言论，乃大失望，都人奉之若山斗，而山人始终疏之。

南北用兵设军务处，山人时至其间，有看剑引杯之想。及秋，事定，为之叹曰：“惜哉，但私斗耳。”

凤皇熊秉三组阁，所谓“第一流”也，山人引辞。适陈仲恕长秘省，为浙中故交，固留之，治笔札如故，兼为掌会议记录。仲恕悯其贫，又为荐于财政会议，稍得津助。

秉三为赵次山特设清史馆，而孙慕韩不知也，于府中会议力荐文安公。项城初支吾其词，而慕韩保益力，项城微怒，语涉雌黄。山人以记录在侧，闻之激忿，往时会议讫必于府中同饭，是日不顾而去，自是不复留饭。财政会议设于府中，亦不复往。

时画一各行省官制，议设将军、巡按使、厅长、道尹各官，秉三密保堪胜巡按使、道尹人才，多至六七十人，列及山人名，项城阅之，微哂曰：“此少年亦在其中耶？”山人如不闻者，益自韬晦，忍耻茹辱，徒为区区鸡鹜之馀，诚人生之至哀、毕世之奇丑也。

国变以来，遗臣故老聚居青岛潜谋匡复者，颇不乏人，或奔走于张奉新、冯河间，冀得一当，就中颇多旧雨，时闻息耗。项城亦诇知之，遂有查禁宗社党之令。

文安公及继妣生日，皆觞客于东兴楼，自是岁以为常。

是冬，德宗景皇帝、孝定景皇后永安崇陵，珍妃祔焉。山人与则江弟先日从文安公宿陵下，是日跪迎于崇陵宫门外，仰见德宗梓宫用黄龙罩，孝定梓宫用黄色龙凤罩，皆百二十八人肩之，珍妃金棺在后，则用杏红色团花罩，窃疑于体制未协。臣工恭送者皆反穿羔皮褂，摘缨帽，礼成乃更吉服。同乡中惟见林文直、沈敬裕，同年中惟见陈紫纶参议。飨殿、地宫竣工未久，大致如制，惟工近简率，且缺树木，珠邱瞻望，痛泪迸倾。闻山陵大典载在《约条》，而终克观成者，犹仗赵智庵之力。事后，凡与典礼者，咸荷御书春条之赐，山人所得为"延釐笃祜"四字。时徙居于大取灯胡同，因名所居曰"延祜堂"，菊师为书匾加跋。

岁暮，集成句为春联，忆二联尚佳：一云"数亩荒园留我住，去年新柳报春回"；一云"归来池苑皆依旧，别后西湖付与谁"。

三女可诜生。

后三年甲寅(1914)，山人三十有三岁。

春正，祝嘏如例，自后岁岁如之，举其凡于此。

有诏命文安公会同陈宝琛、陆润庠勘定《德宗本纪》。历朝本纪由史官笔之，兹以国史馆裁，即以实录馆人员兼任纂辑，曰勘定者，即昔之稿本总裁也。

内阁改组，仲恕辞秘书省事，以山人自代，不就。寻菊师出任国务卿，以政事堂公所为私邸，强山人襄其幕府。政事堂设左、右丞，为杨杏城、钱幹臣，与山人夙厚，复邀之协同签拟。山人以私交不能却，名曰帮办机要局，核其名实固无当也。于是凌晨入府，櫜笔役役，午后则至菊师邸。菊师念其劳，言于项城，置之参议之列。项城初不可，固言之，乃许。然每召议，皆不及山人，山人处之泊然。同列皆东、西洋留学者，惟王莪孙为故交，且同年也。

迎文安公及津寓全眷至京，赁宅于丰盛胡同路北。

政事堂附设礼制馆，山人兼充提调。

秋八月，调铨叙局长。菊师知其不宜于参议，故为量移，非山人意也。以例行公牍悉委于方策六同年，俾帮办局务，惟手定《铨政纲要》，自考试、甄用以至轮补、考绩、升调、内外互转，大纲咸具，其已行者，仅十之三四耳。山人任内，高等、普通考试，法官考试及文官甄用，凡三举轮补之法，首考试，次保举甄用，又次为相当资格，每三缺得一，中外奉行无滞。有戾于此例者必驳斥，以毅力持之。自山人去后，一切皆束阁矣。前此，铨局核议文件，皆由局长具呈，山人至，悉改以国务卿名义行之。又是时京外移官给奖已有以四六语为谢呈者，山人从不为之，官报档案可证，盖始终不以官自居也。

文安公六十生日，款客于十刹海会贤堂，都下知交耆旧为诗文者甚夥，录为一集，贾耕、林纾文尤美，林文载入宗谱。以孝定后国服未满，故无恩赐。

时方简用各省巡按使、道尹，一日菊师忽谓山人曰："君有意外任乎？道尹缺甚多，可自择其一。若居首道，擢转巡按亦易易耳。"山人意不欲，师又曰："道尹诚屈，若欲为巡按使者，遇机当为图之。"山人泫然曰："某之覥颜再出，为供菽水耳，诚不欲更为冯妇，况一为外吏，丛疚至今，可再辱乎？"师嘿然而罢。铨局之调道尹为左阶，师岂不知？其言此者，殆知当途见忌之深，恐以率直贾祸，意固可感。

方师未出，外间已拟议及之，山人力劝其终居保傅，而于民国为上宾，有事为平亭之，以一身隐系天下之重，此上策也。万一不免再出，则当以巩固皇室为重，谋所以继承弗替者。若仅于皇室经费黾勉输将，犹其末也。至是，文安公上书政府，请援欧西教皇例，为皇室定永远尊崇之制，载于宪法，山人亦力言之，师不能行。既而内务总长朱某复呈请限制皇室之颁布荣典，胪列至七八条，山人见之，即诣师力争，谓"颁赐荣典初不悖于优待条件，且既礼以外国君主，即当保其尊荣，所以恩遇旧臣者，有公例在"，反复辩论甚久。最后又言："师以保衡再居枢轴，不能为皇室谋久远，而转以限制皇室，将何以对先朝？何以对同朝耆旧？”师无以难，久之乃曰：“啸麓，尔愚矣！历来政令皆严于一时，转瞬复弛，今虽如此规定，亦具文耳，行且仍复其旧。君不信者，试以吾言决之。”山人乃止。厥后荣典果复，而锡予之滥，且更甚于前，乃叹师非无先见也。

是年，子冶公、南云公皆来都下，而族戚朋旧之至都谋事者络绎不绝，山人一一设法援引，俾各如其意以去。人或议其滥惠，文安公独深许之，晚年家书有云：“汝虽中年闲废，然廿年以来，自本支以至族戚，皆得有所沾溉，便算无负此生。”即谓此也。

时国务卿、左右丞以遐瞩楼为治事之所，参议则于颐年堂，以集灵囿摄政邸为政事堂公所，其西院之后乐堂，山人所栖止也。更西为园，有涵万阁、晚晴簃诸胜，其名皆山人所拟，而弢师书额。师邀文安公及樊云门、易实甫、王晋卿、张贞午、王书衡诸老选诗于晚晴簃，山人亦与座末，遂有《晚晴簃诗汇》。

后四年乙卯(1915)，山人三十有四岁。

春正，项城宴蒙古王公于怀仁堂，征歌颁赉，略如旧制，山人于此有凝碧管弦之感。众中获识喀喇沁王贡桑诺尔布、科尔沁王阿穆尔灵圭，渐与深谈，因相契洽。阿为僧忠王之后，夙怀忠谠；而贡娴风雅，擅丹青，过从尤数。因有顾问之聘，复以蒙古名义赠章，其蒙文证书云“得此者，准戴宝石顶双眼花翎”，山人亦姑受之，盖储为异日匡画之助。

丰盛胡同宅为陈简墀中丞产，售于人，文安公徙居锦什坊街机织卫路北。

是岁上巳，招都下吟侣禊集江亭，即以“江亭”二字为韵。自是岁有禊觞，多由山人主之，后不悉纪。陈槐楼诗所谓“骎骎岁序官修禊，籍籍人才府选诗”也，诵之增愧。

闽中无赖子饰为华侨状，诡称五米公司，诳文安公入股二千金，山人挪局帑供之，旋逸去，电询领事，固无此公司也。自是按月扣俸归还，生事益窘。

国变后，遗民志士多以国史为急，赵次山起家词苑，实非其才，设馆以来，日孜孜于簿书钱刀之末，其考校馆员以到馆之勤惰，而学识浅深、功课优劣不问也。又使总纂及纂协修一律分任功课，而皆受成于己，无任总核之责者。体例不立，成绩可知。山人惄焉忧之，寓书于提调陈仲恕、邵伯絅，言其不合者数端："各馆之设总纂，使之分综一部，厘定体例，综核诸作，然后总裁更从而复阅之，今视同纂协修，分任功课，是废总纂也。以全部清史如散沙乱叶，而悉责诸馆长之一身，纵精力过人，岂无疏舛？况体例不壹，馆长何恃以为综核之资乎？此其不可者一。延聘诸员，非遗臣故老，即老师宿儒，固当崇以礼数，且修史为千秋之业，尤必从容考订，以期传信，今必使之逐日趋馆，则日力可贵，已半耗于奔走酬对之中。况辕驹箝束，贤者所羞，对客挥毫，名流不屑，尤非所以尊重老成乎？此其不可者二。修史之任必具三长，故考校之道不在到馆之勤惰，而在成书之多寡，综核之法更不在成书之多寡，而在所成之优劣。其终岁不至而史才独擅者，优也；其早至晏归，日趋跄于馆长之侧，而功课殊不足取，勤则勤矣，终当为劣。今但以勤惰二字蔽之，果遂协于公论乎？此其不可者三。馆长之责在于督成全史以餍众望，初不必躬亲其事也。果所任皆得其人，虽一字不加笔削，异日读史者亦必津津然叹美之曰'某之手定也'；苟所任不尽得其人，任之又不以其法，书成之后，疵缪迭见，论者不谅其笔削之劳而有所假借也。今舍逸而任劳，黜人而任己，毋乃过乎？此其不可者四。"又云："使修史者为党徒，为新进，吾无责焉，若次老，固馆阁之先辈、儒林之人望也，于历来设馆修书见之熟矣，于国初修定明史，其擘讨而折衷者，当亦闻之详矣，宁遂见不及此？故敢附于春秋责贤之义。"又附笺论修史不当专据官书，凡诸家著述之有关史料者，皆当悉力搜访，博采而慎择之，各志尤当访求专门人才，精心订正，不宜因陋就简。前后凡二千馀言，二君得之，以示次山，次山愤然曰："此君跛鼍乃尔！"

其时帝议制已起，盖有潜主之者，而趋炎之士竞推波助澜，以希荣宠。项城语人曰："历来帝王子孙结局必归残僇，且吾长子残废，次子为名士，三子更趋下流，馀子尚幼，孰能继者？"论似近诚，而以闻自左右丞者，窥其意旨，殊不尽合。一日，坐后乐堂，雨中沈寂，念及是事，即取案头红格手折率书说帖，举四端讽之：一、皇室不易处也，二、蒙藏不易驯也，三、西南诸省难合而易离也，四、外交变幻不可不虑也。末又推论古今易代事，而归结于人心之不易制，谓若果帝制者，不如归政。词特隐约，径缄于红封以进。次日，左右丞直退，幹臣顾山人曰："君独不畏祸乎？"杏城曰："幸在此时，后勿轻试。"视所批，则庄书曰："深有见地，交堂。"山人问项城何语，则未置一辞也。既而异论渐喧，河间入见，询果有是事否，项城力辟其妄，若矢天日。河间亦信之。迨筹安之论渐见事实，始悟其外己。合肥时推服菊师，以师不主是议，亦阴附之，且与河间结合，其言曰："今事未成，已见忌，若此设果成者，吾属安有噍类乎？"然菊师深沈自晦，至事迫，始引疾乞退，项城使左右丞慰留之，辞益坚。一日，诣政事堂公所，直造师病榻，久谈至二时。及归，始允其请，以陆子欣代之。师还弢园，山人面陈，愿同退，师韪之。甫请假，幹臣忽枉过，言："吾等笔札恃君以办，顷即吾自任之，盍以私交稍留为助？"山人笑曰："吾安能终身为是役？况以私交夺公义乎？"幹臣曰："君误矣。此局必不成，果成者，吾之夙志君所知也，安得尚居此？君但视吾遣人奉母至津，即其时也。"又曰："君行时勿请假，亦勿辞职，径行可矣，馀事不妨托人了之。若逡巡，且恐祸及。"山人深感其意，乃复入直。时蔡松坡已南下，攻袁之电日有所闻，袁亦踟蹰，杏城为画策：使中外皆称以帝，而自居于大总统，一切改元、封爵皆依新约法，以大总统令行之，别设大典筹备处，其筹备可暂可久，果不成者，撤废之而已。项城从之。山人密谓幹臣曰："五先生每谓菊师为'大浆糊'，公为'小浆糊'，渠此策亦'浆糊'也。"幹臣大噱。大典筹备处既立，绵蕞之仪辄烦礼馆，山人诡词避之，并辞提调，以曹某自代。自是，趋直外恒纵酒冶游，排遣忧端，兼自晦匿。密属许安巢于沽上为构小屋，为遁居计，即德租界宅也。

每新历元旦，皇室例遣亲贵一人诣白宫，致国书申贺，至是犹仍其例，而国书格式顿改曰“大清国大皇帝致书于大中华帝国大皇帝”，项城岸然受之。帝制果成，其所以处皇室者，可逆料矣。陆文端公时授读毓庆宫，忧愤独切，偶微疾，自处方，以不相投之药并服之，遂薨，盖不忍见非常之变也。文端为文安公庚辰房师，山人癸卯朝考又出其门下，两世师门，恩谊甚厚，缅跂忠徽，讵止泰山梁木之恸。

后五年丙辰(1916)，山人三十有五岁。

时西南诸省树异帜，连及两粤，项城咄咄不怡，语杏城曰：“谓吾非帝王才，古来开国之主，胜于我者安在？谓吾不当叛民国，微吾，安有民国哉？谓吾世臣不当叛清，吾当服罪，然为此言者，亦必清之大臣乃可。徐某诚大臣，非吾之力，彼何由致之？”其衔怨菊师者深矣，亦深忌山人。铨曹主文官考试，忽增派汪伯唐等三人督之。山人去志益坚，已引疾矣。而时局中变，项城迫于公论，有取消帝制之令，各疆帅要菊师再出为证。于是师复职，旬日乃让诸段芝泉，寻复改政事堂为国务院，左右丞悉裁。芝泉留山人襄秘书厅事，不就。半年以来，身困樊笼，心悬霄汉，幸得摆脱，为之一快。

文安公以《实录》成书过半，加头品顶戴。

是夏，袁项城殂，黎元洪继其任，复旧国会，各督军不服，浸有深谋。时菊师、幹臣皆徙居天津，山人屡至津，恒借居许安巢寓，以距师邸密迩也。

友某得何蝯叟所书约园额，以山人尝主约园，举以相贻。山人题诗云：“少宰残题漠漠尘，墨缘重与道州亲。鲇竿功状关何事，已是东坡梦后身。”“少宰”谓张侍郎沄卿，山人主约园时，于园壁见所书楹帖。

是岁，始举文官高等考试，自是凡三举，普通考试亦如之。其主试、襄校各员，皆山人所举，如江叔海、周泊园、张贞午、马通伯诸公，颇极一时之选。通伯以古文名世，尝于闱中选佳作数十篇浓圈密批，以示山人，皆精炼可喜，山人欲为刊之，通伯不可而止。其时距承平未远，尚不乏文学才也。

秋，患暑温，经旬乃愈，赖婢莒儿扶侍，后遣侍毛艾孙观察。

菊师来都，与曹理斋宴师于公园之来今雨轩。公园为社稷坛故址，朱桂辛长内务，请辟为园，其费出于捐集，山人以故社之感，不敢与闻。东之来今雨轩、十字亭、董事会，西之春明馆、兰亭石轩、唐花坞，皆筑园后增筑；四宜轩、水榭，则因故址改建者也。

叔父南云公卒于杭寓。公国变后始有意存诗，忆于沪寓见其案头手稿，凡数十首，多涉沧桑之感。养惠弟自京奔丧南归，觅手迹，已不可得。悲哉！身后行状、墓志不具，惟宜兴邑志载其力争荒田升科事，盖公初任政迹也。

后六年丁巳（1917），山人三十有六岁。

是岁元旦，梦几上架一凉帽，顶翎咸具，莫知其祥。迨黄旗再举，山人叨与枢直，奉诏许其便服入内，迄未具衣冠。偶念及，设遇典礼，服饰不可不备，命奴子料理之。次日下直归，则凉帽架几宛然梦中所见。是细事亦若前定者，异矣。

初，段合肥为阁揆，与黎元洪不相能，尤恶国会议员之专横，欲假各督军之力以排之，信使往来，屡有集议，所谓“督军团”也。初议推菊师为大元帅，师谓：“北军牛耳操于张绍轩，彼固主复辟者，君等能从之乎？”众曰：“复辟犹故君也，奚不可者？”于是各遣信使诣徐州说之。张夙有是志，闻之奋发，乃即徐州定盟。盟书既定，北派督军咸与签名，或遣员代签。段合肥由徐又铮代之。湘督谭某异派也，亦躬与焉。其奔走最力者，为张某、雷某，雷即为菊师传语者也。时黎入议员言，毅然罢段职，闻徐州兵将动，大惧，始决解散国会。步军统领江朝宗自请摄阁揆，以署名于解散国会之令。然议员之狡者方为黎招致李仲仙，以阁揆歆动之，李为所惑，自往徐州谒绍轩，力为游说。绍轩震其夙望，李又善词令，竟移其意，以维持黄陂、拥护李阁为帜。张、雷责其背盟，则以阁员许之，遂与李同北上，以兵力无所用，故只略带卫士，而部卒之愿从者亦二千人，过津，众督军犹谓其为复辟来，龙旗已具矣，闻其言，乃大失望。绍轩夙师事菊师甚谨，至是竟不往谒，盖惟恐其言复辟也。黎已先闻议员言，知张、李偕至，大喜，即日任李阁揆。李莅任，遍征名流为阁员，屏张、雷不用，张、雷大恨，日以复辟聒绍轩，绍轩犹忍之。时胡琴初从绍轩至都，犹与钱幹臣密策复辟，谓若得菊师指挥之，绍轩必从命。于是幹臣赴津商于师，师建议组元老院，以北方各首领及南中龙、陆、谭诸人组之，别加二人，为梁启超、唐绍怡，以代表国民、进步两党。王聘卿力赞之，言于绍轩，绍轩亦赞可，但不取梁、唐，谓声名素劣。幹臣复诣津商之，未及返，会康长素、刘潜楼先后至，康下榻其邸，切责以大义，且谓“是事君可自行之，何必待东海？”绍轩为所动。是日，都人觞之于江西馆观剧，至夜深始归，忽仓卒定策，叩宫门请冲皇临御，宫中皆为惊惶。次日，则黄旗遍挂矣。山人初颇闻其事，仲仙至，忽令领秘书，盖绍轩所荐。山人以与仲仙无素，且政局已异，固辞不就，而仲仙强之益力，乃与约二事：一不以明令而以院令，二不诣府盖印。故典枢数日，但日草函电招人入阁，既允则发布之，不允则更招之，即江西馆之公宴亦未与也。万公雨太守在绍轩幕中，固山人故交也，忽驰骑相招，及往，则胡愔仲亦在坐，言治事乏人，属招旧枢僚率以入直。山人亟问以“兵足用乎？”曰：“成言具在，用兵何为？”又问外交，则曰：“梁崧生已说妥矣。”次日，遵旨便服入内，则群公但计用人，某也侍郎，某也丞参，而宣统三年之官制，搢绅未检也。就中吏部名单列右侍郎为山人名，山人言早经裁部设局，乃撤去。又见长篇诏旨，语多陈固，虑不足以风示中外，因言：“立宪之制，先朝明诏也，今岂可失大信于民？纵不即召集，亦当有所筹备。”群公善之，于是有筹备国会之诏，山人所草也。事讫深谈，乃知徐州盟约外别无接洽，崧生所谓外交者，亦止英、美使馆,心已窃危之矣。然天日重瞻,即小臣赎罪之期,奚忍自诿?次日,再入直,则愔仲行矣,问以“往调兵乎”,则曰“往南京有事”,乃知河间亦未预洽也。又次日,则马厂誓师之耗已至,而各省贺电寂然无闻,然诸公衮衮以为已治已安,方议为绍轩进王爵也。山人虽无志荣阶,亦拜叙官局长,仍直议政处,不敢受,亦不忍辞,谢恩而已。初入直于养心殿,嗣移于南书房,再徙则至枢直南屋。幼时所闻于先公者,至是而亲践之,良以自幸。俄奏事太监捧折匣下,与同直周旋曰:“五年不见,我辈饿苦矣。”虽喜,而有凄凉之色。又一日,早事讫,退憩于养心殿,内监传太妃谕赐食,曰:“主位向诸位大人道谢,天气盛热如此,外间时事又如此,诸大人尚如此帮忙,主位实不安之至,稍具食品,诸大人稍尝之,亦主位之些须微意也。”山人闻之,泪夺眶下,是日所赐满汉席甚丰,竟不能下箸,更不辨何品何味矣。同直章曼仙大恸,归遂发狂。山人忍泪谓同列曰:“此何等事,而儿戏举之,设以此累及孤儿寡妇,吾侪虽粉身碎骨,奚足自赎?今当谋所以安皇室者,曹出曹入,无益也。”后二日,车路通而事益迫,山人遂赴津,借榻安巢寓,即谒菊师,申其意,乃知师与合肥已有成说。山人犹虑用兵之际,万一有贪功者犯及宫禁,其事何堪设想。师谓合肥必有约束,当再与言之,既又叹曰:“绍轩终可惜耳。”盖已决归罪绍轩,为皇室地也。谒合肥,拒不见。又访幹臣,所谈益详,山人心乃慰。先是,复辟诏下,以师为弼德院院长,事急,又有诏促令入都,师知是事枢纽在外交,使人探东邻意旨,决其无望,故不复出。外间谓师必欲为议政王者,诬也。山人居二日还京,则定武军已降,绍轩走荷兰使馆矣。山人有《过南河沿绍卿故宅》,句云“坐叹粗材能慷慨,终成轻举误徘徊”,盖有深慨。合肥恶山人居李幕,欲以复辟督过,赖菊师言,乃免。

涛、润两贝勒为宗人府宗人,以铨叙局掌宗室袭封事,虑有参差,邀同商洽。山人许以悉依宗人府来文办理。

是秋,购马大人胡同宅,山人至是始有屋庐。其西辟小圃,稍具花石,适蒙上赐御书“邕芳旁布”匾额,因名其斋曰“邕芳簃”。

山人以皇室获全、隐患未已，心焉忧之，诣醇邸有所条陈，大端在培圣学、储人才、节财用，而尤要者理珍藏，以杜觊觎、结外援，以为保障，且曰："王勿谓今可无事也，祸机之伏，有触即发，今不为计，将措手不及矣。"王嘿然不答，山人恐其见疑，又进而言曰："王勿疑言之冒昧也，某尝蒙王特达之知，出巡温处，诚感激私恩，不忍缄默，非有他意。"王终不答，乃失望而退。逾月，王子溥杰授室，山人从文安公往贺，见其纵谈外事，殊不类木讷者，不禁窃叹。

是岁，文安公以勘修《德宗本纪》告成，赐御书"温仁受福"匾额。

后七年戊午(1918)，山人三十有七岁。

还京以来，乡先辈旅京者盛行折枝之戏，每岁首以五言诗两句为限字，每唱人限三联，于元夕张灯集唱，即以春灯为彩，谓之"灯社"。盖陈弢庵丈执牛耳，山人亦从文安公入社。是岁，文安公有句云"悲来歌哭皆成泪，否极蓍龟不告祥"，一时传唱，后足成七律，所感深矣。公自辛亥后始存诗，至是编为《亥既集》。

段合肥既复共和，迎冯河间，以副总统代行大总统事，久之，亦积不相能。迨改选国会成，以河间代行期满，由国会选菊师代之，师请命于皇室，得旨乃就任，仍臣事如故。时干臣为阁揆，强山人领秘书厅事，师亦令佐其幕府。山人劝及是时为皇室规久远之策，于国政则实行军民分治，于外交则乘协约国之战胜，更定故约，悉复主权。前二者师皆不能行，惟争回于华府会议者数端为可纪也。

自项城僭制议起，川、粤、滇、黔皆独立，旧国会议员遂据粤集会，别有拥戴，其时所谓"七总裁"也。段合肥欲以武力戡定，厥功不集。菊师当国，举和平统一为鹄，于是有上海会议，任之者朱桂辛也。同时有建策于京师设置经济调查会以招致旧议员者，意使乌合之众日趋溃散，冀早成统一之局。会既设，干臣强山人任其事，山人不乐为之，迫不得已乃受任，以为名实不可相戾，乃有经济会议、《经济月刊》，购置关涉战后经济之书报，遣员分赴东、西洋实地调查。其招致议员者，听二三议员为之，不深问也。嗣会改为局，复迭任副总裁、总裁，终以兰艾混淆，决然屣脱。继任者疲于应付，无复更谈经济者。使竟其考究，勒为专书，亦济时之津筏也。局为翰林院旧署，略具树石池亭，山人不胜天上巢痕之感，为《玉堂寻梦图》纪之。

时同堂叔侄兄弟任曹部者十馀人，戚串官京师者且数十人，每文安公及继妣生日前一日，必先集寓邸，俗所谓"暖寿"也，礼文跄济，谈笑从容，往往夜深始散。当日寻常视之，今不可复得矣。

菊师以凌晨治事，山人每入直，未曙即起，先至院检理日行事，然后趋府，时朝暾甫上也。然往往盥漱未竟，客已纷集，大抵皆亲戚故旧谋事乞函者，山人一一应之，其成否则有事机，然无识者或以为诳。白裘杜厦，前哲所难，觍然自愧。

是岁，刘氏姊北来。姊远嫁逾廿年，近岁孟纯丈由铨曹出宰畿近，始得迎眷。追忆儿时，悲喜交集。

妹丈朱耀能卒，其戚吴某自南来为料理其丧，欲与妹同归，时两孤甚幼，妹不欲往，而难于为辞。山人谓理有经权、事有轻重，反复言之，吴始相谅。自是妹居吾家者十年，皆山人任其费，两孤稍长，为延师受课，文安公视之如诸孙，今皆毕业于专门学校矣。

得文信国蝉腹砚，砚为出水物，水蚀痕宛然，皋羽铭与《两般秋雨盦》所载无异，惟砚函刊小仓跋有一二字出入，而砚函义较长，决非赝鼎。以皋羽铭"洮河石"语衡之，则《两般秋雨盦》所云"绿端"，固已误矣，乌可胶柱鼓瑟耶？

后八年己未（1919），山人三十有八岁。

枢院初设于集灵囿，菊师自以旧臣不敢居禁苑，故以集灵囿为府邸，而移枢院于丰泽园一带。山人从阁揆治事于春耦斋，集议于飞轩引凤，皆慈圣当时游幸处，心有未安，然无可避。院僚于飞轩外为布置小斋，以供休憩，则始终未一至也。是春，牡丹盛开，灿如云锦，当窗二乔尤艳，山人隔窗望之，惘惘若失，因有"落红不是无情物，忍背斜阳更向人"之句，俗冗中未及成篇，偶忆及，姑记于此。近时访二乔，已渺，闻为魏武后人劫去。

菊师渴望沪议之成，朱桂辛议不谐，不得已，复以王揖唐代之，无赖者复煽动学子相率举幡，以惩国贼为词，毁人居，殴人垂毙。幹臣主惩凶，有媒孽之者，遂仓卒引退。龚仙舟代之，谦下而恪谨，固留山人，欲辞，不果。菊师欲用泊园，阻于两院，遂以靳翼青综阁，亦固留山人，山人志不行，日思引去，顾以平日含纳众流，不肯偏徇，即于菊师，亦不屑以私人自居，故人多与之。一日，偶小极，乞假，师遣人来视，云诘朝务力疾入直，盖阁员疑其欲退，质问者已相属矣。又有同年某欲夺其席，使人谮之于翼青，翼青不为所动。山人微闻之，即诣菊师引辞，且言不得不辞之故，师使人谕翼青，移山人任审计，令别选代者，翼青终不可。山人又自言之，翼青曰："审计则可，然必兼枢秘。"山人笑曰："吾求去耳，岂望蜀哉?"乃止。

自河间、合肥之不相能，遂有直、皖两系。曹某督直，恶皖系之专欲，皖系亦深恶之，相寻不解，乃至用兵。菊师不置可否，山人奋争，谓宜平亭而两释之，若坐视私斗，人将谓师何? 师不悦曰："汝何知者?"山人争益力，几至抵几，既退，师谓许季湘曰："烦语啸麓，渠于我直诤，我能谅之，万不可施之于阁揆、阁员。"季湘以语山人，山人曰："吾于师，言分言情，皆当效其謇直；彼等何人，亦滥施乎? 师可勿虑。"既而战事竟起，山人抑郁中，乃以漫游自写，聆风嘲山人句所谓"谁知铃阁官书急，油碧殷勤问翠钿"也。合肥拥参战军皆劲旅精械，且用客卿，乃竟败于曹军，是有天焉。

是年，解散第二届国会，翼青再组阁，欲以山人为阁员长部，菊师曰："啸麓岂肯为总长者? 殊可不必。"师真知我哉。山人并辞枢秘，翼青坚留之。

置东四牌楼三条胡同路北宅，铁宝臣尚书旧居也，奉文安公居之。对宇为福文襄废园，楼宇颓敝，而树石颇饶，山人亦购之，稍事修葺，有松乔堂、小鄂跗堂、亚翠亭、卍雪楼、结霞阁、暖芳吟舫，皆山人自书额，集宋词句为楹联，名以“蛰园”。松乔堂为里中墓庐旧名，鄂跗草堂在里中乌石山，为督部公兄弟读书之所，袭其名者，不敢忘本也。园门面二条巷，而两宅有门可通，每奉文安公招都下耆旧举击钵吟，集于园之结霞阁。乡先辈道、咸间官京朝者倡为钵集，督部公实主之，先后选刊至十二集，按察公及文安公兄弟皆与焉，迨山人入社，盖四世矣。宣统初，陈弢庵丈再入都，倡为折枝，钵集遂废，山人深惜之，至是始得再举。以乡人乐此者较罕，故不限乡籍，樊山齿最长，好搜奇斗僻，同人竞效之，风气小异。然裙屐胜流，飙举鳞萃，先后来集者至六七十人，亦一时之极盛也。后选刊社作为《蛰园击钵吟》二卷。

还京以来，略购群书，卜居既定，始检理，编列书目。中有钱牧斋《初学集》，督部公于平定苏州时得自伪王邸者，文安公以授山人，特加跋记之。

得王阳明孔雀石砚，色深翠，镌人物精绝，为清凉道人郭诩所制，同社竞为诗张之。同时见一石，作立峰状，具七十二窍，极皱瘦之致，为米南宫物，宋人镌跋甚详，以价昂不得，至今为恨。

录按察公政迹，上清史馆，请附入督部公传。

是岁除日，偶偕聆风同游翠微，历灵光、香界诸寺，至卢师崖题壁而返，各赋诗纪之，聆风诗所云“一瞬惊雷万壑奔，摩诃庵古树当门”，即归途写景之作。自是，岁除必往，或二三人，或四五人，而每游必偕聆风，山人诗所谓“判腊寻幽如有例”也。如是者六年，迨山人居津、聆风南行，始罢。

后九年庚申(1920)，山人三十有九岁。

初春钵集，张灯甚盛，以唐花为彩，酒半灯谜杂出，烟火缤纷，客皆尽欢乃散，樊樊山、丁闇公各为长歌纪之。

是春，始卸经济局总裁。山人任此年馀，不欲久居，故但任权摄。其中多旧议员，秕习不改，日事喧哄，一日复哄于议席，山人变色，抵几曰：“此公廨，非议院也，公等岂竟忘之？若越轨者，有法规在。”众乃帖服。然干荣求利者纷然竞集，因有感于《憎蝇》之赋。念平生自有夙志在，此辈不足供药笼，强与周旋者何为？因决辞去，而以游戏出之，同时具三令请盖印：一真除，一辞职，一任张贞午继之。先布其真除者，众来贺，纷言推戴，山人潜哂之；越两旬，而辞者、继者俱布，众骇然曰："群情推戴公甚切，公何遽去？"山人大笑曰："实告君等，吾真除之日，即决去之日也，安能郁郁久居此哉？"众怳然若失。

自欧战平而有华盛顿会议，菊师以顾维钧等为专使，颜骏人长外交，综画其事，争回权利数端，如关税自主，及收回青岛、威海，其尤著者。签约时有反对者，师径行之，后来或攘以为功，可笑也。山人尝拟搜集文件纪其颠末，勒为成书，因循不果。

阁员改组，群推长农商，东督田中玉复强之为省长，山人皆峻却之。

沪议既散，而西南诸省信使来都不绝，其条件要挟多端，索欠饷及善后兵费尤巨，政府无以应之。至是，四川、两粤复有使至都，山人使人伴之宴游，纵博征歌，惟其所好，己亦时共酬酢，于游冶中尽得其情。于是两粤首取消独立，四川继之，政府因其地位各予任命，一无条件。事既谐，阁议酬山人以勋三位，力却之，菊师复以为言，山人笑曰："某之素志，师所知也，必欲奖之，请以三希堂或快雪堂拓本见赐，以为临池之助可矣。"师寻检赐《快雪堂帖》，王啸缑京卿为跋尾记之。

时方召集第三届国会，阻于奉、直两督，事中止。菊师忧之，山人曰："彼之潜肆阻挠，以欲图此位，恐师久居之耳。果师别有所策画，及时以展初志，未可更犹豫矣。若初志不行，则维持至终任而止，亦足告无罪于天下。若苟且以图久居，恐眈眈者迫于大欲，或以轨外出之，变且不测。"师言："时势难行，意在善退。"山人因劝招诸督至京，开诚晓示以终任即退之意，促速成国会，庶有替人，其选举即委诸各督，以示无私。师韪之，即召集于怀仁堂，言次宣布大旨，略如山人所云，而不如其切挚，各督终怀疑，唯诺而退。而第三届国会终以不集。

有谮翼青于菊师者，师信之，于是有府院之猜。山人谓师曰："大总统之责任在于任用阁揆，当用则用之，否则免之，相忍胡为者?”师言翼青不恒趋府，事多隔阂。山人曰:“彼武夫也，欲如钱、龚之事事入扣，势不可能。师可召而责之，若召而不至，是渠过也，免之未晚。”既而翼青闻召，趋府谈，乃甚洽，猜疑顿释。

以皇室经费屡愆期，且不如数，山人言于菊师，不得当，复力争之，至于抵几，曹理斋在旁，掖之以退。次日乞假，师遣人来，慰谕甚周，乃复入直。

是岁，季父海容公卒于长芦。

文安公以《德宗实录》告成，加太子少保衔。

为诜儿授室伊通齐氏。

后十年辛酉(1921)，山人四十岁。

上元，蛰园钵集，张灯斗彩如前，文安公赴某公宴，忽感疾归，亟趋侍，至夜分乃愈。

蒙古塔王谋领蒙藏院，山人闻其以五万金行赇，谓必无其事。一日方盖印，菊师忽出一名条，则塔王也，属言于阁揆，心大骇，及至院，遂置不行。旬日后，师复催询，则饰言翼青意以蒙古方办选举，当稍缓之。时领蒙藏院为贡乐亭，虽与山人夙交，未尝举是事语之，盖本意以杜贿进，非为乐亭也。由是搁置者年馀，至山人离枢直，则居然以塔代贡矣。是事非出师意，殆为近习所蔽。近年谒师，乃乘间言此中委曲，师深恨倚任之非人也。

首夏，牡丹盛开，招客赏之，自是岁有赏花之集，赋诗词者甚夥，杂见同人集中。

蛰园之西有隙地，王揖唐业也，修葺是园时，假其地暂置木料。俄揖唐出走，当局籍其产，步军统领王懋宣掌之，以是地为山人借用，故钞没不及，揖唐妾使人致语，愿鬻于山人，山人曰:“吾与揖唐兄弟交，安可乘危而利其产?必揖唐有言乃可。”乌某与揖唐昵，因属询其意旨，嗣乌言得揖唐书，意亦主鬻，但契不在手，君若须用之，不妨先营筑，其价易商也。山人乃于其间筑精舍三楹，编篱布径，多种花木，中为十字亭，西为丁香院，院南为假山，结草亭，由山蜿蜒东趋至山尽处。又为鸳鸯式草亭，制取简朴，名以“逸园”，时揖唐自号“逸塘”，明其为逸塘之业，非占为己有也。文安公喜其野趣，每觞客于此。后揖唐自海外归，惑于人言，谓山人占之，山人托人将意，皆不达，乃移其精舍花木于景山之后，别为琼影精庐，王志盦赠诗所谓“别起楼台又一军”也。既徙，举其地还之，而酬以千金，为租赁之费。

翼青中谗日深，菊师左右屡使人度辽，短之于张雨亭，张、靳固儿女姻家，雨亭愤然曰：“白宫之弹章十数至矣，吾岂袒亲戚者哉？”是冬忽入关，请以梁燕孙组阁，菊师许之。山人闻而叹曰：“此局已矣。”即谒师力争，师已有成见，怫然曰：“人谓梁不易制，吾能用之。”山人曰：“师以己意用梁，奚不可者？无如主之者辽张也，今张、曹相持，张主之，曹必排之，衅端自此启矣。”师曰：“彼自相仇，于吾何与？”山人曰：“今政府介张、曹之间，犹得操纵之以图苟存，若二者相仇，必有胜负，胜者势莫与京，尚肯居人下乎？恐昔之垂涎此位者行将纵手攫之矣。”师曰：“果有此者，听之可矣。”山人曰：“师即退，亦当求善退之法，似此者，非计也。”既又曰：“师勿疑某之有恋也，某求去久矣，请以今日辞。”遂辞枢秘，改任侨务局总裁，菊师属仍襄其幕府，山人请居幕中为师编理故牍，自云频年心力苦瘁，识见更迂，不复堪与闻政事矣。

是岁，山人四十生日，蒙宫廷特恩赐寿，颁给御书“世济其美”匾额一方、镶玉如意一函、霁红瓷瓶成对、江绸衣料四卷，具折陈谢如例。先期自书小启付石印，是日来客及致馈者悉却之，以小启为答，自与幕僚数人携酒游翠微诸寺，至日暮始返。

葆蕙妹卒。妹字鸥史，通文史，娴书画，甫及笄而夭。文安公深悼之，以所绘《二乔观书图》索同社题咏，樊樊山、丁闇公赋长篇七古，王志盦为骈体文记之。

后十一年壬戌(1922),山人四十有一岁。

山人之任侨务,意在结纳华侨,谋其乐利,且启其翊戴之诚。莅局日,海外各埠华侨以电来贺者至四十馀通。山人念华侨资产皆限于海外,致与祖国阂隔,其间国际汇兑亦事事操纵于人,受其朘削,乃首请设侨业银行,先遣员筹备,并分赴各埠招股,其厦门侨商入股者已六十馀万,馀者尚在接洽。又为招徕华侨子弟回国就学计,请创立华侨补习学校,先从国文、国语及普通学识入手,以为应考入学之准备。且宣布政策,但提倡侨商投资实业,以资兴利,国家以实力保护之,而绝不取求于侨商,侨众闻之大慰。莅局三月,以经画大端详陈菊师,请明令布之,政局旋变,不竟其绩。

是春,奉、直战事起,直军胜,菊师左右皆有喜色,山人知变局之不远矣。及夏,势遂逼,菊师渐觉之,语幕中倪赞臣太守曰:"梁阁之成,惟君与啸麓力争之,洵有深见。"然其事已不可挽,卒至菊师仓卒出都。山人即日辞侨务局事,从菊师至天津。先是,辛酉之秋,山人预购河东义界宅为栖隐地,至是始居之,即栩楼也。是岁暑氛特酷,楼居尤甚,居两月,病暍几殆,乃复返蛰园。

七月,值继妣六十生日,旧时僚友及蛰园同社竞为诗文张之,文安公属以笺绢遍征名画,即于东四牌楼三条宅举觞,兼致菊部。

李散释招同樊山、志盦诸老泛舟通惠河,饮于二闸乐氏园,时则壬戌之秋,七月既望也。①

山人入秋后病乃渐愈,张远伯过访蛰园,强其出任教育,坚却之。越日复至,曰:"教育棘手,公不乐为之,宜也。今虚农商一席以待,其次长某君,公所恶也,已商定易人。当途之殷挚如此,幸勿更却。"山人仍固辞,远伯又曰:"昨已与菊师言之,此菊师意也。"山人笑曰:"师

---

① 此段首尾,各有一删汰符号,似系谱主本人所加。现悉予还原,另加说明,以存年谱全貌。

知我者，当其在位尚不相强，况此时乎？”远伯语塞而去。

重九，偕散释、聆风诸子登玉泉山造塔院，攀陟颇疲，忽昏然骤厥，盖即仙岩夙疾也。幸石琴兄在旁扶掖之，僵卧阶下，良久乃复。

闲居无俚，仍佐晚清簃选诗之役。暇日整理旧作，编为《虚船》《披香》《艾眉》三集。

以文安公诗集付印，曰《匏庐诗钞》。

是冬，以筹办八旗工厂出力，蒙赐头品顶戴，并颁诰轴。

是岁，与则寿弟重修宗谱成。

后十二年癸亥(1923)，山人四十有二岁。

是春，与曹理斋、傅治芗、陈仲骞、王志盦及聆风相约排日访旧京名迹，历游天宁、慈仁、拈花、花之诸寺及耶律文正、袁督师诸墓，尝泛舟至二闸。又赴周养厂退谷之约，时鹿岩精舍初筑，杏花正盛，有二鹤于花间导客。尘缨初解，山水重亲，如羁累之得逭也。

牡丹花时，兵氛又起，与俞夫人徘徊亚翠亭下，对花谈往，慨然有入山之想。①

是岁，《德宗实录》写本告成，文安公偕陈弢庵太傅、宝沈盦侍郎率同馆赍赴皇史宬，尊藏如制。

秋，偕友自翠微赁笋，将越山至戒坛寺观松、游太古洞（俗名“扁蝠洞”）。是夕，下榻僧房，为旧时行殿，壁有恭忠王集句诗。次日，乘晓度罗睺岭，至岫云寺，樨香迎客，殿宇清幽，观佛殿所供二青及妙岩拜砖、姚广孝静室。晚，览寺后诸山，步至龙王堂，观龙潭烟翠，周遭风泉清绝。居一日，乃由寺后迂道归，过白鹰沟，晓色曈昽，林壑尤美，几忘身在朔方矣。是游得诗最多，惜同游罕能和者。

九日，徐静宜置酒潜庐相招，庐在西山灵光寺。酒后历攀诸胜，至宝珠洞，一路秋林绚锦，丹黄异采，曩数游未及见也。复纡途游卢

① 此段原拟删落，今存其旧貌。

师崖乃归。后数日，复游狮子窝，则红叶尽矣。①

冬日雪后，侍文安公游钓鱼台。台为金、元名迹，今属弢庵太傅，盖董季友觞客于此。②

是岁，文安公手定诗集曰《匏庐诗存》付梓。前半皆山人手校，次年冬，山人赴津，由曹理斋代校，以迄于成，可感也。

后十三年甲子(1924)，山人四十有三岁。

新正五日，雪中偕张半园、徐静宜游西山，集饮潜庐。③

春，拆逸圃，别建琼影精庐，花木不能尽容，则以分贻戚好，山人答成澹堪诗所谓"借地就参军，安蔬计已左，好春付与谁，临分怜婀娜"也。拆甫半，逸塘遣友来视，欲备价留之，而势不可中止。山人初有是议，惜无人为达于逸塘，盖是时逸塘有出山之耗，效媚者多，直言遂格。人情冷暖，大抵然也。

蛰园老柳，百年物也，伤雨忽萎，山人惜之，有诗存集中。④

是岁，多与何梅生、三六桥谈诗宴聚。梅生孤狷寡合，独与山人契，其序山人诗谓："少年所作，流畅华赡，如高岩出云，古涧飞瀑；近作则又变为幽渺，为沈郁，为激楚苍凉之音，又若策骑穷边，观落日平沙，不胜其怅惘者。"是可觇山人之襟素矣。⑤

秋八月，文安公七十生日。前一日，内务府大臣率司员、校尉赍赐物至宅，文安公率山人兄弟冠服跪迎，俟钦使入，陈赐物于黄案，文安公北向九叩，谢恩讫，乃张筵以款钦使，陪坐者南斋及实录馆诸公，亦数十人，皆冠服。宴罢，钦使出，文安公复率诸子跪送于门次，诸宾

---

① 此段首尾，原稿有删除标记。

② 此段首尾，原稿有删除记号。

③ 此段亦曾有意刊落。

④ 此节仍有删削符号，未审何故。

⑤ 此段文字，首末有删落标记。

称贺，尽欢而散。所赐为御书“寅清笃祜”匾额、“典谟纂录资黄发，几杖恩荣衍绛年”对联，及白玉如意、瓷盘、瓷瓶、文绮等件。则江弟时从事民部，在京，则济弟为长崎领事，亦乞假归祝，同与典礼。山人叨赐一品服，始服以周旋，报章嘲之曰：“某君以封翁赐寿，居然章服，固为尽孝，未免召人疑议。虽然，议员可跨党，官吏可兼差，则此事亦何足怪？”山人阅之，大笑。逊政以来，服此者非一次矣，是亦率其常而已。是岁即于三条巷宅设戏彩之堂，略具音樽，都下名流枉赠诗文者甚夥，辑为四册。实录馆同人序言为弢庵太傅所撰，而郑太夷书以隶法，文安公尤喜之。

冬，宣统帝举大婚典礼，文安公以旧臣特晋太子太保衔，并赐山人紫禁城骑马。故事，一二品大臣年六十以上者始有是赐，山人官止三品，齿甫四旬，非分之荣，适增惭悚，且同膺恩赐有不类者，尤非寸怀所安，乃致词少府固辞不受。文安公《谢赐朝马疏》中有“敢渝揽辔澄清之志”一语，心焉诵之，不系拜赐与否也。时南北旧臣多有报效银两者，文安公与山人亦预有进奉，是日从文安公入贺，鹓行列陛，犹似承平，而非复往时整肃。嗣蒙回赏文安公御笔福寿字、花卉画幅等件，又赐山人御笔福字、长乐未央银杯、霁红瓷瓶、翠龙白地瓷盘。

时直系之两军互斗，其一获胜，遂入京师，囚其魁曹仲山，禁令森峻，夕绝行人。山人深居不出，侍文安公为扶乩之戏。扶者山人与叶则庵也。乩忽示诗云：“北胜今无一丈红，飞骢逝翼各匆匆。最怜铜陌萧萧影，又见蘼芜发故宫。”莫解所谓。山人问是否复辟，乩再示一诗，有“罡风吹折断肠花”之句，咸知非佳兆矣。后二日，果有移宫之变。先是，当局涎宫中所有，逡巡未敢发难。郑太夷方罢少府职，直弘德殿，适某军将领求郑书，因渐谂，且识其主将，郑与言内府满员把持蒙蔽状，且言：“前此皇室经费如额照解，而宫中仍苦不足者，皆此辈侵渔所致。吾奉命综内府，欲澈底整顿，遂不见容。若使吾专主之，岁得数十万金，已绰乎有馀矣。惜无为之助力者。”主将心动，亦自云曩受旧恩，愿为尽力。郑为言于上，遂有朝马之赐，盖以励之。

俄某故相子至京师，晤主将，力赞其谋，黄某摄重任，亦主之，遂遣兵犯阙。是日，帝亲晤之，内直大臣无至者，惟耆寿民独与周旋，应付从容，兵不敢犯。即日，车驾移醇邸，两太妃誓死不出，以诸臣婉劝后，旬日始出，幸大公主邸。风雨龙移，山人不幸躬睹之，不胜悲愤，遂会诸旧臣，合词电致当道及段合肥、张雨亭，请尊重优待条件，俱不报。寻由摄阁宣布改定条件，减岁费为五十万，不得再居宫禁。诸旧臣复合电力争之，仍不报。嗣闻某军欲督过于山人，山人遂赴津，居栩楼。越两旬，车驾幸津，首召山人询行止，山人言津沽不足居，劝上远游欧西，上深然之，以乏费不果。

编壬戌以后诗为《结霞》上、下集。

后十四年乙丑（1925），山人四十有四岁。

是岁元旦，诣行园申贺，旧臣至者数十人。十三日值万寿节，复诣祝嘏，上于行园赐宴摄影，旧臣与者百数十人，文安公亦自旧京来祝。

春，陈仁先同年自沪至，赋《行园海棠》诗，同人皆和之。仁先下榻于李小石朱鸟庵，山人因识小石，与订交。小石，义州名族，祖、父皆有令名，性狷傲，遇俗子辄嫚骂之，独与山人一见如故，推许甚至。集中称“浪公”者，即小石别字也。①

是夏，于栩楼拓建数椽，为游宴地，庭有隙地，垒石补花，有亭有池，宜于散步。时查峻丞、李子申、白栗斋、李浪公、周息厂、徐芷升与山人往还最洽，每至，辄为竟日之游。山人初名其簃曰“瘦碧”，浪公易以“寒碧”，为涣魏匏公篆书之。又，浪公和山人诗有“此地无三伏，其人似六朝”之句，笑谓山人曰：“此可为寒碧簃楹帖也。”浪公逝后，山人追忆其语，乃乞同年郭调白书之。山人《寒碧簃落成》句云“暂撇风怀亲夜烛，更商幽事补秋花”，可见是时风趣。

---

① 此节头尾皆有删削符号。

浪公博闻多识，尤善雅谈，所居曰“朱鸟庵”，亦曰“词堪”，收藏名书画甚富，同人亦乐就之，每造谈辄至三四鼓，犹投辖留客。山人眷一吴女曰怜卿，明眸善睐，妙解人意，浪公许为尤物，往往携就词堪为觥录事，或同人联吟，使怜卿以簪花小字钞之。时浪公好为江风体联句，其法以拇战决胜负，负者索句，胜者限其句中末字，于句下书曰“某句某限”，曩郑叔问与其友阻风江船时所创也。尝以“卿怜那得似怜卿”为起句，同人联吟至五六首。山人尝与怜卿泛舟南塘采荷，作《菱波一舸图》，浪公见而喜之，题以四字令词，留置卧室中，后不可复觅，山人更浼人补之。会怜卿南归，山人惘然，复造浪公许，浪公笑曰：“吾固知王三去后，非李四不能代之也。”浪公行四，“王三”则谓怜卿，其交契之深如此。浪公光、宣间曾官部郎，值国变，遁居不出，尤关怀故国，每深谈，辄感愤欷歔。一日酒半，忽慨然曰：“一龙顾山人而不能用，安望平天下乎？”山人急掩其口，相与大笑而罢。①

时郑太夷丈亦居津，山人慕其才略，意或足当大事，因屡就深谈，且从之学诗。久之，所持论乃相左，盖太夷欲尽弃前此之典章制度，山人则以典制为重，必不可保者乃变通之。然太夷特心折山人，其赠山人句云“平生词客饶相识，独为斯人惜霸才”，盖栩楼酒坐之作，倾倒之意见于言外。山人和其《九日李公祠》句云“微吟世或关忧乐，勇退身犹系重轻”，亦寓深旨。

山人既离京师，某军欲督过，不可得，乃藉词蛰园房屋纳契税不足额，欲封其产。盖都下税契，如游廊、中厕等类，每不列契内，不独蛰园然也。其独苛责蛰园，于他户皆不及者，用意可见。赖熙民师及马云亭都护力为缓颊，仅罚二千金，已为幸矣。然山人初于某军无隙，徒以正言取忌，痛念宫廷遘厄，弓玉都非，忧辱之义，固当共之，不敢有所尤怨也。

---

① 此一大段，首尾也有删落符号。

文安公及继妣生日，山人归京邸称祝，仍觞客于东兴楼。[①]

上宣召山人诣行园，出内府旧藏钱舜举《观鹅图》，即命题什，山人敬依高宗御制韵题绝句云："奎章捧出五云多，画史评量胜范何。忆拜主恩江海去，墨池亲访右军鹅。"上复亲书五言楹联以赐。

冬，与李子申、查峻丞、李浪公、胡愔仲、白栗斋、徐芷升、林忛盦、陈踽公、叶文樵约为消寒之饮，是曰"冰社"。每七日一集，集必限题赋诗，于次集传观共赏之，有疵亦互相纠正，如《风气》排律、《五代史杂咏》，及分咏虫豸，皆寓讽刺。

是岁，文安公居栩楼度岁。山人服官以来，定省多阙，近年始得乞闲，而朝夕侍亲如儿时，膝下之乐则仅于是年得之，永志不忘。

后十五年丙寅(1926)，山人四十有五岁。

元旦及万寿圣节，山人皆从文安公诣园行礼与宴。

熙民师以山人之招来栩楼下榻，为文安公游伴，会兵事道阻，留滞沽上者三阅月。尝侍文安公及师历游莹园、柳墅，又泛舟南开，修禊水东竢园。其间，文酒之会无日无之，夜阑或为扶鸾之戏。偶以加沙韵赋一律呈熙师，师和之，文安公复和之，先后叠韵各二三十首，渐而乩仙净名俶真更唱迭和，京津吟侣亦用是韵酬和，积至二百馀首，向来未有之盛也。因编为《栩楼酬唱集》，白栗斋为作图纪之。

先妣墓尝于壬戌岁重修，则寿弟董其役，山人寄诗志愧，刊入宗谱。至是，里中书来，云先墓以伤雨微损，复托则寿弟估修。山人自以远离邱垄，弗克身亲其役，愧恨交萦，集中《清明书感》诗有云"阿连昨书来，覆釜伤积潦。急书趣料理，道阻久未报"，即谓是事。文安公见诗亦愀然不怡，寻则寿弟北来，具述修墓情形，山人乃慰。

山人居津以来，屡却旌赍，故有句云"身非箕颍清，亦复谢旌聘"，固纪实也。先是，张雨亭在辽使人将意，欲使领秘书，山人力辞之。

---

① 此段有删削标记。

厥后段合肥柄政,其秘书长以居忧乞假,徐又铮自海外驰电力请用山人,合肥遣人劝驾,山人持三不可之说,坚辞不就。或讽其勿过介,山人曰:“朝槿之荣,大槐之梦,思之熟矣,吾意岂在此哉!”

时南斋诸臣不复扈直,上命山人与郭调白分书春条及颁赐各件。

沽上大罗天者,市场也,中多古董摊肆,山人与李浪公、周息厂每期集于此,评书选画为乐,其《栩楼杂诗》所谓“广场骨董拟东都,俊侣频来不待呼,但有清欢无热恼,冷摊似胜锦氍毹”也。[1]

是夏,偕周息厂至京师,留榻蛰园,与同游江亭、北渚,远及香山、翠微,兵燹馀痕,触目惊叹。及还津,浪公疾已甚,未几化去,山人深有捶琴之痛,为诗哭之,又别为哀诔,俱存集中。

其秋,以妹疾再至都,归栩楼,遂患秋疫,两旬始愈。迨冬复举冰社,以督部公手钞《十三经》重付装订,征同社题咏。续入冰社者,郭调白、许辛盦、李又尘也。自浪公逝后,同人恒集于调白之栖白庼,话旧谈诗,每至夜午。是岁东坡生日,调白招弢庵、太夷诸老及同社饮寒碧簃,山人以有事赴都,未与。

后十六年丁卯(1927),山人四十有六岁。

新正,诣行园祝贺如例。时旧臣至者渐稀,而山人不改其素,尝有句云:“尽有衿缨思汉德,似闻钟虡念周京。”盖故苑铜仙仅存劫外,先朝玉碗遂落人间,九庙震惊,行朝嗟叹,有不忍卒述者。

初春抵都,于李菉阁酒座见龙灯,盖闽人之旅京者所为。忆辛丑元夕,侍先王父衢署,防、绿各营戏龙灯者,咸至后堂献技,时拳乱甫息,承平馀赏,犹有存者。劫后回思,渺如隔世。[2]

是春,芳游最畅,尝偕子申、峻丞、调白西沽观桃花;又尝与蔼云宿翠微,息厂中夜枉过,谈诗彻曙;又尝偕怜卿游汤山,三宿乃返,醒

① 此节与下一节,皆有删汰标号。
② 此节与下一节,均有删除记号。

醉歌呼，若忘身世。春明花事，以积水潭禅寺之白海棠，社园之碧牡丹、黄芍药为胜，而蛰园牡丹有名“藕丝裳”者，花大如槃，实冠群艳。山人《园游》诗云“花间吴姝况绝代，能行一朵娇春风”，为怜卿作也。

沽上莹园，李氏业也，以水胜，潆洄洲渚，带以亭台，冰社诸子春禊、秋觞恒于此，而太夷先生尤喜之，别其胜迹为名十六，曰“挹清堂”，曰“森薮”，曰“凸桥”，曰“柏岭”，曰“菱亭”，曰“涵虚阁”，曰“因树榭”，曰“身云洞”，曰“窣堵冈”，曰“舞叶楼”，曰“苇湾”，曰“舫斋”，曰“宛在亭”，曰“诗趣轩”，曰“松径”，曰“药圃”，约同人各系以诗。初未尝题额，盖其名惟同人知之，虽主人且不及知也。章霜根笑谓山人曰：“昔人楼台亭榭有寄于印章者，君等所名乃仅见于诗，后将焉考？”山人笑曰：“古今名迹，亦如是耳，何胶柱为？”

秋，以继妣生日入都，夜行经南池子，汽车颠伤脑，骤厥，良久乃苏，舁入医院。翊晨以病车送归，延俗医“箍桶刘”者日施按摩。初颈仰而僵，不能左右视，百日后始渐复。山人《养疴》诗所谓“奔车一掷意茫如”也。病中，文安公逐日来视，世途多阱，重贻亲忧，念之悚惕。稍愈，已迫深秋，同人每移尊来集。息厂归自西山，招董卿、彤士、季湘诸君集蛰园，为展重阳之会。日本画家渡边晨亩、诗人田边碧堂来华，亦就蛰园宴集。碧堂诗擅风神，所作多绝句，有“海外渔洋”之目，其即席呈山人句云“箫廊屈曲碧栏斜，绝似仇英画里家”，写景特肖。坐中今关天彭能为律句，见山人即席成三律，以为天才，实则急就之篇，无佳思也。

为次子可诚授室朱氏，假金鱼巷那氏园为礼堂，仍于蛰园张灯觞客。其婚礼参酌古今，山人手制俪语赞词。

冬，则济弟归自长崎。弟之居东，日言贫困，虽修廨亦取给于家。至是有梨涡之宠，闺襜勒其所蓄，遂至束手，因力请调远，得泗水，然无以成行，山人寄资斧迎其眷属归。问弟以所负与所需之数，不能对，固问之，则忽千忽百，枝梧悬绝。文安公焦忧甚，谓“但量可而助之，不必深问”，遂畀以二千金，迄不知其足用否也。平生事事以诚，顾不能行于骨肉，是为毕生之疚。

则范弟长库藏司，有欲倾之者，连及山人，乃于岁暮徙津。时沽上同人方续举冰社，闻山人至，大喜，遂连日举觞。太夷曰：“闻子伤脑，吾方忧之，恐诗才遂尽也。”峻丞曰：“一朝史笔系于君，天固不忍其终绝。”言虽过情，其意可感。

温毅夫五十生日，写松寿之。山人未冠时尝学绘事，其为人作画始此。

自伤脑后，始为日记。

后十七年戊辰(1928)，山人四十有七岁。

元旦，诣行园叩贺。凡来贺者，上各赐以大吉春条，皆临时濡笔，内侍捧以下，鸾龙络绎，墨渖犹未干也。陈弢丈、郑太夷、郭调白与山人皆有纪恩之作，上微闻之，翊日命各录以进。山人有句云“为想清时存典则，因窥圣学极精微”，太夷称其颂扬得体。文安公时在京师，日记中纪其事，以上好临池为喜，又曰：“天泽之谊，庶民去之，君子存之。”

新正，招同人集栩楼，各携所藏金石书画，共评赏之。章霜根同年携黄忠端断碑砚，与山人斋头文山蝉腹同为曾宾谷中丞故物，见于《两般秋雨盦笔记》，一时并合，亦佳话也。山人有诗，约社侣同赋之。

历朝《实录》书成后，必三缮清本，一尊藏于皇史宬，一赍送盛京大内，一进呈御览。时以政局已改，未克赍赴奉天。至是第二清本缮成，文安公偕宝沈盦宫保赍至行园进览，上敬受之，礼成后在津小住，尝侍游莹园、柳墅。

山人早岁尝为长短句，此调不弹久矣。是夏，复与同人约为词社，仍七日一集，与是集者，周熙民师、陈止存丈、查峻丞、李子申、章霜根、白栗斋、杨苓泉、林仞盦、王薇庵、郭调白、徐芷升、陈踽公、周息厂、许辛盦、胡愔仲、陈苍虬、李又尘、唐立厂、周君适。每集皆命题限调，于次集汇录之，公推数人以五色笔评点，虽不尽协四声，要必合于红友《词律》。渐而社外和作纷投，若铜山洛钟之应。樊樊山、夏闰枝、陈徵宇、陈郇庐、高远香、邵倬盦、夏剑丞、姚景之、万公雨、袁伯夔、钟子年、黄匑庵，分居南北，邮筒不绝。而陈弢庵太傅每集必作，几与在社无异。凡百集而止。同人于社课外，亦多纪游遣兴之作，山人萃录成帙，先后乞朱彊村、夏闰枝二公选定，刊为《烟沽渔唱》四卷。初，社名仍从"冰社"，芷升欲易为"须社"，示河清之有待，同人皆曰善，遂从之。

夏，盗发裕陵及定东陵，启及梓宫，掠所殉珍物，少府耆龄诣津告变，上甚怒，举扇抵几，突有异风应声起，殿瓦皆鸣，若先灵之来告者。翊日，于行殿设高宗纯皇帝、孝钦显皇后御容，上易素服，朝夕两奠，迄重安山陵乃止。山人侍从行礼，文安公闻变，自京师来与哀奠，上召对，询礼节甚详。诸旧臣合词电致当局，请惩凶顽、伸法纪，文安公与山人皆与焉，不报。寻命宝熙、陈毅会近支王公赴两陵，奉高宗、孝钦后遗骸重殓，奉安如礼，陈毅有《东陵道》长篇纪其事。

天津河东有白瞽者，异人也，所奉神像多异形，为人推命造不以八字。山人往叩之，白瞽问，知属马，即曰："君属马，此马驹年即腾踔云途，于命当一二品。然祖上累世皆高官，而君不能得其庇荫，仍白手起家。子亦早贵，亦仰食于君，未能自赡也。君长子文弱而明慧；次子讷而似愚，然非愚也，心自了了；三子最有才，能守成，亦能创业。夫人非元配，广额而高鼻，颇能助君。"既又曰："异哉，君之命也。幼即失母，早岁复克妻，今椿庭尚健耳。又，君之一生虽顺，然忠而不忠，孝而不孝，即于兄弟朋友，诚以待之，亦不得其报。以命言，君尚有官运，但君不肯为之。"所言一一皆合。而"忠而不忠"、"孝而不孝"二语，山人所终身衔疚者，闻之不禁泪下。此至亲密友所不能道者，瞽者乃率意探喉出之，不知其操何术也。

第三妹适汉军黄氏，婿黄君坦孝平。

弢庵太傅丈招饮，出癸卯年所储陈酿饷客，座间温毅夫、胡愔仲、陈苍虬、郭词白及山人，皆癸卯同榜进士，因笑曰："何癸榜同调之多也。”又举杯曰：“以癸卯酒饷癸卯人，亦佳话也，诸君不可无诗。”酒边谈及丁巳旧事，不胜感慨。山人诗有云：“白头太傅今吕端，隋珠在手无轻弹。螺江家酿喜新致，云泉归梦同飞攀。”即纪是事。[①]

是岁，续编所作诗为《寒碧》《兰逵》《楮窗》《袖骊》等集，合前作《虚船》等集为《龙顾山房诗集》付刊，序者何梅生、胡愔仲、曹理斋也。愔仲国变后屡来京师，山人每招同温毅夫、林季武集于云龢堂，重续四声之咏；又尝下榻于쀙芳簃者匝月，有狐异，载在《洞灵续志》。其序山人诗乃谓“与君南北阔绝，仅丁巳夏仓卒一面”，若以山人之乞食穷途为鄙，而不自知其邻于矫饰，异哉。

冬，患痔甚剧，日必两如厕，既毕，则必支榻两时许乃能起坐，盖已成痔漏矣。忽于梦中得句云：“正复多机避湍濑，岂堪无恨负晨昏。”时文安公偶患心痛，已愈，次日突闻病革，亟力疾至京，已不及见。痛哉！哀毁中痔患顿伏。知好为文安公请谥，而某公坚云不可，山人愤甚，誓以身殉，使人语愔仲曰：“三十年交谊，若不得请，则幽明永隔，不复能相见矣。倘上不没先公劳，使某犹有自效之地，当留身以报。”稚辛丈感其言，亦为言于太夷。于是，太夷、愔仲合词言于上。上为恻然，恩恤加于恒制，赐陀罗经被，派贝子溥伒奠醊，赠授太子太保，照一品官例赐祭葬，予谥“文安”。故事，编检出身乃得谥“文”，盖出异数。山人感恩，不敢殉，愈滋悲恸，每七家奠，以至百日奠、月奠、期奠、祥练诸祭，必手钞《金刚经》焚之，或附以其他经咒。戚里知好临吊者多痛哭失声，排日公祭不绝，且竞为诗文联语，山人手钞为《荣哀录》四册。先公著有《楼居偶录》《邴庐日记》，掇辑付梓。又辑奏草为《郭文安公奏疏》一卷。五七后，乃移殡于城南观音院。先是，公生前屡梦至一公廨，入东庑，有人曰：“君亦此中人，兹有人庖代。”中遇素交，酬酢外未遑深语，窥堂上似有神灵往来。至是，葆英妹梦至其处，询先公，果在，但所列为乡试榜名，欲求见而阍者不为达。痛哭而

① 此段文字，一首一尾各有删落符号。

醒，昏瞀中似有手抚之者，醒时额犹冰冷。先公生前异梦及榜名，妹皆未及知，而所言宛合，是可为先公归位之证。

十二月，为先公成主，乞弢傅鸿题，朱艾卿、宝沈盦襄题，陪者六人亦皆编检。

后十八年己巳(1929)，山人四十有八岁。

垩庐沈恨，黯然无春，写经外，日为先公校订遗著。

是春，上颁赐祭文。碑文乞弢傅为先公志墓，沈盦丈书丹，李惺吾篆盖。又乞王晋卿撰神道碑，文既成，友好观者皆以为未称；乃别乞郑叔进篆书官阀，勒于神道，从督部公之例也。陈石遗丈方修省志，索《事略》为先公补传，即书寄之。苫块昏迷，未遑润色，讵石遗悉据以入传。迨山人撰《行述》成，复寄之，则补传已刊，不及改矣。

检先公遗笥，得《匏庐剩草》一卷，为近年作，又《再愧轩诗草》一卷，则辛亥以前之作，各加跋，补刊之。

入夏，百日届满，踵谢宾友讫，忽痔漏复发，盖前此特暂伏耳。数日益剧，且濒溃，乃延泰西医海某至栩楼施割治，割时用麻醉之品，山人方观书，及醒，书尚在手。医云幸患处稍偏，若居中，则不救矣。漏疮凡二，并割之，创口约四寸馀，日易药布，初收效甚速，至寸许则又甚濡，山人诗所谓“三旬忍痛卧，杂书拥我旁”，具见苦趣。自居忧，未尝为诗，痛呻中乃复有作。盖困顿床蓐无可与语，赖诗以自鸣也。居丧主哀，诗以言哀，奚悖之有？今人丧中纵乐，独废诗，或不为诗，而为诗钟，适相反矣。

督部公诗文集、杂著锓版藏于家，已散佚，兹付补刊，并以按察公《说云楼诗草》、子冶公《惜斋诗词》，及文安公诗集、奏稿、日记、杂著合刊汇存，曰《侯官郭氏家集》。《惜斋集》之附刊，盖文安公遗命也。

是秋，创口始渐合。拟奉文安公遗榇归里安葬，已定期矣，以兵事起，不果。

里人梁继恒，初不识山人，山人督瓯关时，以沈东绿丈之推荐，遂重用之，及入京师，复任以秘书厅佥事、侨务局参事，遇之甚厚。近年营粮栈于滨江，谓可得厚利，力劝山人入股，山人误听之。讵其人假公本而私自营运，乃至买空卖空，遂大折阅，与其党设谋以倾山人。同乡某巨公有存款万金，使向山人索之；其族某诗人亦股东，乃私改为存款，亦使向山人索之。山人烛其隐，持不可，则嗾巨公，使构讼。巨公于山人为父执，山人谓之曰："以万金计之，某应摊三千金，叨在世末，且属至戚，纵无此事，亦何惜区区者以奉长者？今使友人孔某代偿之，不亦可乎？"巨公甚喜，而二梁力阻之，遂不谐。山人又谓友人袁某曰："今以五千金付子，请以十之六代致某巨公，使无讼。若梁某，固股东也，分当同任其责，乃擅改存款，以偿债者反而索债，于理固悖，于法亦乖，即讼，岂能幸胜？君与至交，能劝其全交息事者，当以馀金为寿。"袁欣然自任，其师方地山与梁为兄弟交，私袒之，勒令袁以此金分予某与梁，二人皆不愿，袁亦不欲，事遂罢。二梁因造为怪论，谓山人以二千金属袁募无赖殴巨公以泄愤，巨公为所惑，大怒，其戚林某者，与山人有隙，复怂恿之，竟至涉讼。是事等于曾参杀人，而某公误信之，昵某公者更附和之，且有因是与山人绝交者，山人不屑辨也。司法官入巨公言，查封山人居业，并及所有家具。官符火急，至七八降，幸山人薄业已变姓他属，所居在租界，令不得行。然自初诉至三诉，山人皆败，其判词不析是非，不较曲直，但归咎山人曰："历居显要，拥资累累，是于法典果何据耶？"巨公虽胜，知难于索逋，始悔之，复遣人言和。继妣曰："某公与先夫为至友，先夫遗骨未寒，而讼及儿辈，得毋为盛德之累？"言者惭而退。有言于山人者，山人曰："某公所欲得者，三千金耳，然以公长德，乃因琐琐者争讼至此，后世其谓公何？仆为长者计，亟具牒于法司，言彼此世交至戚，因误会而涉讼，固已过矣，岂为金乎？今事已明，言归于好，请息讼销案。如是则金可立至，公得金而兼得名，计无逾于此者。"某公闻而善之，事遂已。诗人既构某公讼，己亦继之，司法官行查哈尔滨，得其股东实据，乃断二梁诈欺取财，移刑庭起诉。依法，刑事诉讼屡传不至者，得陈请通缉。山人曰："是非既明，吾不为已甚也。"遂成悬案。

山人以贫故，力佣奉亲，频年苦心居积，得稍有薄蓄，然因银行亏闭而损失者十之二三，误投于实业而耗失者十之三四，即友朋贷借，积年计之亦三四万金，从无归偿者。乡人林棨世，所谓君子人也，累欠至七千金，后骤富，亦吝不肯偿，或劝涉讼，山人笑曰："讼虽得直，所失多矣。吾虽非裕，岂以此易其素哉？"然自是入不敷出，悉以家事委之儿辈，绝口不言阿堵物，尝有句云"近来怀抱吾尤僻，不问安危况有无"，盖所感之深，不堪触拨，故自逃于枯寂耳。[①]

是冬小祥，诣观音寺先公殡舍举哀行礼。殡舍旁，为先公安排书室、几案、床椅，以至架书、匣砚，一切咸备，皆以纸糊之，望之如真。一客至，误坐于椅致跌，始知虚设。京师象物技艺之精如此。

编近词为《蘋雪》、《冰蚕》等集。

后十九年庚午(1930)，山人四十有九岁。

是春，始至旸台折杏花归，以宋瓶供之，荐于先公灵几。[②]

台人何见石，按察公门下士也，贫不能归，山人以三百金助之，见石出示所著《龙顾山补树记》，乞山人题检。盖国变以来，山木摧残殆尽，见石倡乡人醵金补之，山人生于是山，不能无空桑之恋，为题二绝句，其次首云："身是天台老衲衣，故林一别事全非。州人似识丁威恨，补树成阴待我归。"见石归里后无复来书，未知所补树如何也。

同乡林朗溪、陈徵宇诸君具呈，以督部公、文安公遗著进呈，请为督部公予谥、文安公赠衔。有欲挟此市恩者，示意于山人，山人曰："表彰先德，诚所深感，若欲以营求得之，恐非先臣之意。且督部公手翊中兴，名在国史，亦岂以此时易名为荣辱哉？"遂不得予谥。蒙赐督部公"博学近思"匾额一方，文安公褒赠不及。

---

① 此节及下一节，首尾各有删除符号。

② 此节与下一节，首尾皆有删汰记号。

是岁，段合肥见上于醇王行邸，时上有所策画，山人感恩遇，竭愚虑以献，上皆嘉纳之。然以居文安公丧，未释服，守齐衰不入君门之礼，有所咨问皆由某都统代奏。一日，上宣召，遣使传谕至再，山人执礼固辞。上必欲见之，曰："此非承平时可比，独不闻古人墨绖之义乎?"因颁赐冠服、御容及御书旄邱诗幅，命以谢恩入对，山人不得已，乃趋谢。上赐坐，咨询周至，山人历举所知以对。中询及相才，山人曰："枢臣之才则有之，如某某皆是；若相臣，则难乎其选，以臣所知，殆无足肩巨任者。若时势所需，朝廷因而用之，是又当别论矣。"上问曰："郑某如何?"山人曰："斯人负才略而近疏，且乏知人之识，易为人所欺，前此受诳事，上当知之，臣不复赘陈。今后事机益迫，毫发千里，设受欺而累及君上，则上之地位岌岌矣。愿陛下慎之。"上闻言愕然，嘿对良久，乃复言他事。是日奏对至二时许，内直者皆惶惶，必欲询奏对何语，山人诡词答之，众不信，追询未已，弢傅遣人再四来询，山人终守温树不言之义。其事浮图濒合，篑土仅亏，而败于当事某君之不谨，内直诸君微闻之，以求去为要挟，上难之。或以叩山人，山人曰："上能行健不息，吾辈捐糜自效所不敢避；若其不能，则惟有束阁耳。"既而其人展转上闻，事竟中辍，山人太息而已。

冬，长孙久祺生，次子可诚所出。其生有异征，且与山人同属马，因字之曰"骐"。菊师闻山人得孙，为取别字曰"维雅"，且谓山人曰："吾生时，高祖妣尚在，为五代同堂之末一人，愿君家踵此佳话。"山人拜受其言。郭氏自山人高祖考教谕公以至按察公，皆及见曾孙，独文安公见孙而止，故山人深喜之，而益恨先公之不及见也。其《生孙》诗云"偃蹇愚公久闭门，移山意尽始生孙"，则别有深意。胡愔仲谓当改"意"为"力"，山人愀然曰："吾力岂为尽哉?"须社词侣集栩楼为汤饼之会，约同填《郭郎儿近拍》为贺，录存《烟沽渔唱》中。

比年，与陈仁先同年往还最密。山人续编诗草为《蓼虫集》，仁先序之谓："君虽履屯而止，不为不遇，顾中多惘惘之情，言哀已叹，若深有不得已于中者。及乎宗国，则缠绵芳悱，预决其成败得失，而不空为大言,即有所疾刺,亦原于悲愤之不容已,而无所恩怨。因其所发,知其所蕴;迹其所憾,知其所安。盖使君幽忧憔悴,若舍诗无以自见者,皆性情之深有以累之也。”山人以为知我。

文安公大祥,释服。

后二十年辛未(1931),山人五十岁。

是岁春二月,释禫服。三月,奉文安公灵榇自京师归葬于闽,沿途追随照料,失足堕车下,伤腿甚重。过津,暂安于福建会馆,复力疾扶柩登舟,舟中伤发益剧,不可支。过大连,舁下就医,欲诣柩拜告不得,仅匍伏叩首,医两旬,始渐愈。则江、则涪弟扶柩归里,合窆于先妣冯夫人之阡,不及待山人矣,山人引为毕生之恨。

六月,体渐复,至京师省继妣,即留逭暑,有《观荷》绝句之作。①

沪上有结词社者,朱彊村为主盟,山人亦与焉,每课题及课作皆由邮筒互达,始终无间。社侣夏映盦、林忉盦、袁伯夔、黄匑庵,多为山人旧交。后选刊社作为《沤社词》。

置酒栩楼,为欧阳文忠公生日,同集者陈止存、章霜根、杨苓泉、万公雨、胡愔仲、陈苍虬、徐芷升、傅治芗、周息厂、许辛盦、李又尘、周君适,各有诗纪事。许雨香不期而集,席间吹笛助兴,山人诗所谓“客有许子参差吹”也。其秋七月,郑康成先生生日,复于栩楼觞集同人为拜经之会,亦有诗纪之。

八月,傅沅叔前辈招同馆四十人集于所居藏园,以留馆编检为限。与集者弢庵太傅年辈俱尊,是年八十,邢冕之检讨年最少,科亦最晚,是年四十有九,咸署名于册,宴罢摄影而散。是为《蓬山话旧》第一集②,弢傅有诗,同人依韵和之,山人未用其韵,后以沅叔之请,

---

① 自此节以下,连续三节,各节首尾皆有删汰记号。

② 自此句以下,直至段末,拟删作:“是为《蓬山话旧》第一集,山人为作《蓬山话旧图》,并以骈俪文记之。”

复为作《蓬山话旧图》,并以骈俪文记之。

山人五十初度,自以孤露馀生,不忍言寿,匿居谢客。南、北两社词人竞为词张之,至数十阕。何梅叟为仁先代作序言[①],胡愔仲书之,黄君坦为浙江寅僚代作序言,邵幼实书之,皆一时杰作。

上先日颁赐"德诵清芬"匾额,盖自出狩后不复颁赐物品,凡赐旧臣,皆以宸翰。山人诣谢,上召对,赐坐,慰谕有加,且曰:"朕望汝常来,勿畏谤引嫌。自来肩大任者必持以毅力,嫌谤不足避也。异日来,朕尚有所语。"山人谨诺。未几而津变起,郑太夷父子奉帝幸大连,山人欲有所陈而入对不及,耿然忧之,赋《摘果行》,见集中。闻苍虬已赴行在,亟寄以诗,有句云:"士不辱名况天位,所争成败非速淹。"又云:"孤臣力微九庙系,安知再造非建炎。"嗣闻事机急切,时苍虬条举必当坚持者数事,上以授太夷,使秉此为鹄。迨议定,而此数事曾未言及,于是满洲新局成,上遂为执政矣。时汪衮甫归自东瀛,居都下,感愤时事,颇有故国之思。山人屡过深谈,至是复相与欷歔累叹。衮甫曰:"异时有编纲目者,必大书曰:'帝为满洲国执政,清亡。'是大清不亡于辛亥,而亡于今日也。"山人不敢置一词,然自是寸怀灰槁,有闭户著书之志矣。

津变起,山人所居栩楼日在锋镝中,尝于夜半睹炮火横飞,如银花火树,又有飞弹堕庭下,山人诗所谓"飞炮坠忽痞,脱命真天慈"也。自念馀生已赘,壹死生、齐祸福,无复忧怖,有《小楼》律句十首,述乱中情况颇详。

十二月,次男可诚卒。诚患肠疾失治,然起居如常,前数日尚助山人理藏书,卒前一夕犹与人围棋,甫就寝而疾亟,医治不效,次日遽夭,年二十有三。尝官蒙藏院佥事,已授室生子矣。山人诸子中,惟诚笃于旧学,性尤纯谨,冀可继累世文学之传,殊不意横折,故山人深痛之,有《哭诚儿》诗五首。三七后,殡之于浙江义园,成主、受吊一切

---

① "何梅叟"以下,至"皆一时杰作",拟删落。

如礼，书其主者胡愔仲也。检箧得其遗诗，编为《潜思盦诗草》二卷，以附于《龙顾山房诗集》之后，仿《笛渔小稿》之例也。山人序其端，谓："是区区者，异日烧薪覆瓿，终与吾集同之，或亦天亲之缘有未尽者。噫！可伤也已。"

编近作词为《潇梦》《镜波》《絮尘》等词，又续编近诗为《葵堂》上、下集，陆续付刊。叶遐庵选山人长短句入《箧中词》[1]，谓"啸麓学倚声不及五年，其佳处遂迫真北宋"，盖未知山人早岁即填词也。

是岁，搜辑《文安公奏稿》，并摘录《邴庐日记》。奏稿中，惟《整理东陵树株》及《奏举经济特科》两疏，多方访觅不得，至今为恨。

纳姬朱氏，生庶子可信，字以学莲。

后二十一年壬申（1932），山人五十有一岁。

是春，苍虬以忧愤成疾，养疴沽上，山人朝夕过从，颇策挽补，虬翁韪之，惜当局不能用其言。闻新都群公有推举山人者，傒园致语曰："可以出矣。"山人答以"非时"。傒园复寓书曰："君子量可而进，若必如公之所期，恐无其日。"山人曰："苟非吾之所期，宁槁项山野间耳。"硁硁孤意，略见是年篇什。

三月，偕溥心畬、何梅叟、李释堪集国花堂，补种海棠数十本。

蛰园牡丹花时，约期觞客，及期，则花已半残矣。山人笑谓客曰："吾辈身世摇落，与花同病，正当举酒互慰耳。"因有"飘零莫道风光减，正有闲情赏落红"之句。[2]

四月，会祭长沙张文达公于岳云别业，山人自草祭文，以抒捶琴之感。

庶子可信殇。

夏，游翠微信宿，尝雨中登香山玉笏峰，又于雨后历游诸寺，至宝

---

① 《箧中词》，谭献编选；叶恭绰续之，选辑《广箧中词》。

② 此节拟删。

珠洞，复迁道过卢师崖，极看云听水之趣。是年入夏多雨，诜儿方养疴于中海迎春堂，山人偶过之，忽风雨骤降，至夜未息，平地水深数尺，不得归，即于是间下榻。翊晨起视，苑柳多为风所拔，散步至湖头，湖水欲平，荷香满满，支榻茗坐，翛然绝尘，此境今犹忆之。①

秋七月，继妣七十生日，山人遍征诗文，同社有为词者，章霜根所书徐姜盦序文最工。是日兼为可詠侄授室林氏，贺客甚盛。先是，文安公在时，山人委婉承欢，继妣谓公在则然也，及公殁，山人奉事益谨，继妣乃深喜之。

栩楼之下为栩圃，其地旧为斥卤，植花木皆不蕃，阶下丛竹已枯伏，雨后忽生笋，数日长及檐矣。山人意有所感，抚骐孙涕下，为诗示之，有云："抚竹心已徂，笋见亦伤意。旧阴讵足依，卜汝出头地。"盖痛诚儿之夭折也。②

秋，病甫愈，闻刘氏姊噩耗，亟奔往哭之。自孟纯丈解组，山人招之至琼影精庐，与黄氏妹同居。丈居官廉洁，久闲益困，山人为任其旅食之需，丈深愧之，曰："丈夫安有仰食于妇家者?"孑身归里，就微禄自活。迨姊病，屡书招之，不至，及闻病亟北来，已不及面诀，丈固悔之，亦山人之疚也。受吊后，殡于崇效寺。山人每春日至都，必携酒脯奠之，其哭姊句云"多病失医贫最酷，一生忍事感偏侵"，可以见姊之生平矣。

重九后五日，自翠微乘笋，将经一片石至天太山瞻鬼王像，并遍阅诸碑。碑载是僧生前所历及怛化年月甚详，所奉肉身塑像，殿宇卑隘，迥逊诸寺，可辟俗说之讹。惟恭忠王撰楹联有"偻闻忾见"语，盖误用之，非有深意。③

残腊，继妣弃养。时则江弟在南中，则济弟官泗水，棺衾服敛，山人躬亲料理，仰维鞠育之恩，哀痛莫极。三日后，江弟始奔丧来都，携

---

① 此节首尾有删除记号。

②③ 此节拟删。

手痛哭。国变后，山人忍辱含垢以乞升斗者，皆为吾亲也。今养亲事毕，此身已赘，分当投渊自洁，而君恩未报，东望彷徨。

以朱姬不为继妣持服，给资遣之。

后二十二年癸酉(1933)，山人五十有二岁。

继妣之丧，即于三条巷寓受吊，乞朱艾卿少保题主。三七后，移殡于观音院，即先公当日殡舍也，丧礼一如先公。又以先妣封赠一品，例当更立栗主，由山人刺指血点成，其旧主焚化，存灰函贮，将附瘞于桃田先茔。

先是，文安公在时，每家居郁郁，辄过景山别墅，两女侍谈，藉为排遣。山人留金于刘氏姊，属其代治饮馔，并以备先公不时之需。迨继妣辍养，江弟将挈眷而南，先公遗书无所置，山人请以景山别业为公祠，以奉烝尝，兼庋签帙。谋之亲懿，佥曰善。乃与江弟议，即其前堂为飨堂，储手迹、妥赐珍焉；堂之东、西夹室，置先公常用几榻、笔砚之属，如公在日；其后两庑为书库；后堂宜于燕处，俾子孙守祠者居之，额以“养福”；东有圃；南、北皆有精室，南曰“再愧轩”，北曰“瓶花簃”，以备燕居会客；圃曰“遁圃”，亭曰“邴亭”。凡题额皆秉先公遗意，楹语亦集先公诗句为之，乞父执及同辈分书，详见《旧德述闻》。则泌兄、则涪弟愿为督畚筑之事，凡四阅月工竣，集亲戚族鄙告祭落成。自是山人每至京师必止于祠，盖以补定省之亏，固有隐痛在焉。以吾乡原有支祠，且九庙既坠，祠祀未安，乃额以“匏庐”，是为先公自署斋名，其额则华壁臣阁丞手笔①，山人以美酝两罂乞得之。

夏，奉继妣榇归闽，祔葬先垄。江弟濒行，举宅邸故物，用拍卖法贱鬻之，乃至于笔砚之属。山人目睹恻然，不能阻也。惟上赐纱缎等品，分赋于诸弟兄姊妹，以抽签法。

续编居忧以前之作为《戒香集》。山人自辛亥尽弃旧稿，初不欲

---

① 书法家华世奎，字启臣，号璧臣，“壁臣”应系误书。

留唾骂于世间，继思方寸灵台自有真我，恐后之传说者失真，且幽忧孤绪，举世无可告语，舍文字何从发之？故复稍事编存，其牵率酬应之作悉从删汰。比来穷居无俚，复就日记中所记神鬼狐怪及有关因果者，手辑为《洞灵小志》八卷。或谓："是书事无浮夸，笔亦明晰，惟结论动涉因果，堕《阅微草堂》之窠臼，令阅者生厌。"不知山人是作所以匡俗而讽世者，意正在此；否则，是书可不作也。周孝怀廉访见而喜之，且为制序，是能知山人者[①]。

世风之敝，友道遂微。伏语阱于杯觞，构凶终于谈笑，或以世阀显宦效为奸欺，或以名士雅流甘侪驵竖。广绝交之论，未足尽其形容；泛爱众之心，适足资其毒螫。山人自更世故，久厌俗情，及为鲜民，益怀孤往。故交零落，往事如尘，一室周旋，古人与处。其性情相契者，惟章霜根、陈苍虬、曹杜盦、许辛莽数子耳。[②]

继妣小祥之日，于天津观音寺设位讽经，兼为诚儿追荐，盖迭觏凶丧，适同日也。山人诗云："恶绪与腊期，蝥蛇殊未脱。此日复此日，积痛剧新割。"嗟乎！人非木石，其何以堪？

是岁，编近作长短句为《沤影词》。

后二十三年甲戌(1934)，山人五十有三岁。

是岁，逊帝即满洲国皇帝位，不嗣大清，不立九庙，不认皇族爵位，盖其制曰创而不曰因，异日亿万其年，必肇源于此。旅津旧臣将具贺表，使山人属草，周熙师来言之。山人叹曰："吾侪大清世臣也，若具表者，必称旧臣；否则，何以别于新邦臣庶？"众不谓然而止。嗣闻旅沪诸公有贺表，实称旧臣，上不之责，盖于分宜然也。寤寐所期，岂偏轮之为尚哉！

辛亥以来，泛览国朝诗，录其有关掌故者，得数巨册。比岁闲居，

---

① 此六字，拟删。

② 此段拟删削。

益事搜辑，厘为二十四卷，名以《十朝诗乘》。《史稿》未就，是亦异日补史之资也。外舅乐静翁序以长篇俪体。

《清明日咏栩楼山桃花》句云："枝高渐及登楼眼，花发频牵上冢心。"盖以泊迹异乡，悬思故垄，有不能自已者。先是，文安公薨时，山人谋卜葬，踌躇莫决，念全家北居，若奉柩归葬，则祭扫非易，然文安公生前曾有首丘之愿，且先妣已葬于闽，亦以合窆为正，故终决归计。比岁每值清明，辄预寄祭扫之资，浼鲁舆叔、则寿弟代诣墓下。而迢迢松路，耿耿荼心，触绪悲来，久而莫释，正不独是岁为然也。[①]

文安公幼时体弱，饮食调护多仰于外家陈氏，及公贵，外家已中落，渐成赤贫。至是，仅存陈生涵高者，先祖妣陈夫人之侄曾孙也，自晋来谒。山人视同子侄，且亲课之，冀其克自树立。涵高母在里，复时时周恤之。其《书扇赠涵高》句云"古人重秋实，期子岂英绚"，所以望之者深矣。讵其人无行，习为欺诈，且以山人寄恤之资供其冶游，山人一再劝诫，至于垂涕，终不悛改，乃渐疏之。[②]

啸龙舅殁后久未窆，山人痛之，为醵金卜葬于香山公墓，以厥配陈恭人祔焉。又芙衫舅殉庚子之难，权厝于福州义园，岁久厝所塌损，是岁并为迁葬香山。啸龙舅墓侧两碣，皆山人手书勒石。

友人张仲金观察营别业于南开，遍植芰荷，颇饶亭榭，屡招山人与沽上吟侣宴集于此。山人名其洲曰"水香"，前轩曰"沧近居"，亭曰"一沤"，其后成之临水精舍，为"三十六陂吟馆"，有骈体文记之。尝于春日赏芍药，秋日赏菊，又尝夏夜坐其池上，对月观荷，每游辄有酬唱之作。仲金寻逝，佳会遂绝，山人选刊同人所作诗文词为《水香洲唱和集》一卷。

是岁为文安公八十冥寿，山人启祠堂设祭，伤风木之不待，痛檀火之既移，因体遗言，誓云终隐。其告祭文有云："穷桑改耀，六驭东

---

① 此段拟删落。

② 此段拟删除。

翔。九庙弗嗣，或曰清亡。功名看空，遗训在耳。自今卷藏，请事野史。”适弢庵太傅不期而来与祭，见是文，愕然曰：“谓清遽亡，似乎未可。”山人叹曰：“是固臣下所不忍言，然非仆之言也。曩已有昌言之者，吾侪世臣，志系庙社，今日庙社安在？我大清又安在乎？”语次泪夺眶下，因痛哭不已，太傅含凄无语，心滋伤矣。

数年前，山人梦至天宫司文院，玉栏回绕，中为杰阁，扆交松影，庭引鹤声，掌书有女，旁拥签縢，窥其秘文，悉类科斗。阁中峨冠数辈，只林移疏丈相识，亦不及款语。醒后异之，未尝以语人也。至是，同社杨苓泉梦偕山人至一处，回廊杰阁，略如司文院状，行至白玉栏畔，遇先文安公，讶曰：“汝等何为来此？速去！速去！”苓泉问此何地，公曰：“兹不能语，汝后当自知。”因一推而觉。两梦相证，决非无因。又，移疏丈卒前二年，梦文安公相召，所诣之境亦略同，且谓山人曰：“我辈皆龙华会中人也。”是又别一证矣。

续编所作诗为《邴亭集》。

后二十四年乙亥(1935)，山人五十有四岁。

是春，释继妣禫服。继妣之丧，山人亦手书经呪焚之，以资追荐。一夕，梦继妣遣婢见召，亟趋赴，遇葆萱亡妹，指继妣居处。乃入，见继妣独坐，旁一几列书卷颇多，顾谓山人曰：“汝来乎？汝亦知是书之所由致乎？”山人答云：“未知。”继妣曰：“是即汝所寄也，毕竟汝犹念我。”及寤，乃知所言指经卷也。然先公薨时，山人书经卷尤多，梦中屡见，曾未道及，是又何故耶？

三月，复游旸台观杏花，至鹫峰寺，徙倚松下，复访碧云寺玉兰、月波楼木香，各有诗写之。自是，每花时辄游山探芳，岁为常例。[1]

《洞灵小志》《十朝诗乘》刊成。袁伯夔过津，为作《诗乘》后序，其托为山人之言者，非山人意也，乃属其改之。有妄人者，昵于袁，斥山

---

① 此节拟删。

人不知文字，其言曰：“吾辈为古文者，一字一句皆有摹拟，安得有误？”其摹拟诚工矣，非其言而强为之言，以求合于古，岂文家之义例乎？山人固无竞心者，自是尽弃其散行文，嗣有所作，亦不复存稿，仅散见于日记中。

第三子可诠以工学士为津市技正，奉檄赴欧西考察市政，兼游学巴黎。山人虑其濡染海外秕习，亟为授室何氏，俾夫妇偕行。临发，挈全家饯之于水香洲，且为诗书扇勖之，有云：“匠材乃成器，独惧薰莸伤。学步而失故，所得宁足当。”用意甚深，惜其不尽喻也。

吾宗旧德，略见宗谱，惜限于体例，所载未详。山人念久违乡井，儿辈皆生长于外，虑异日有数典忘祖之讥，因掇述先世懿行及家庭轶事，为《旧德述闻》六卷，黄嘿园姑丈为之序。

津居苦寂，及秋，复至京师，居祠庐，多阅前贤语录，为涵养性情之助。自维身世至艰，阅历所得，每有前贤著论所未及者，因以己见随时笔之，成《遁圃詹言》十卷。许辛盦见而喜之，书未成，预为之序。偶以示曹杜盦，杜盦笑曰：“吾初闻郭大亦作语录，乃大奇事，及涉览，乃知满腹不合时宜者，借以抒写，直山膏之善骂耳。”山人曰：“吾非骂人也，特举其甘苦所历以自戒，兼以戒人，彼自犯吾言耳，言者亦何罪乎？”因相与大噱。杜盦今已宿草，恐无知是书者矣。

秋日多作山游。重九日，心畬王孙招同都下旧雨集西山宝藏寺。寺旧名“苍雪庵”，龚定盦尝于此赏桂，今为白头老监所主，跨山为廊，远见浑河，近临湖苑，眺望特胜。一老监尝供职奏事处，追话先朝遗事，相与累欷。①

冬归栩楼，沽上人士有为城南吟社者，欲招山人入社，山人以兰艾杂淆，执不可。复约为饮社，山人不得已从之。赣人陈某自南来，以倚声及古文自负，尝为浪子宰相西宾，又娃名于市府，时亦自托遗民。至是夤缘入饮社，觊山人河润，山人不知也。情迫，乃借故骂坐，

---

① 此段拟删。

语侵山人，众皆畏其锋，味云且以此解囊助之，独许辛盦不平，奋起欲掴之，饮社遂散。山人自是择交益谨。是冬，与顾寿人、胡楚卿、朱夔丞、徐贞孺、许辛盦、张麟青、王彦超等约为消寒之饮，皆君子人也。

穷冬墐户，无可自遣，乃续辑近闻狐鬼果报等事为《洞灵续志》，友人马劭眉出其所闻见者助之，凡四阅月而成，得书八卷。劭眉好砚，山人亦好砚，由是相契。

后二十五年丙子(1936)，山人五十有五岁。

是年正月，复举蛰园诗社为击钵吟，以春灯为彩，与者二十馀人，以元夕集唱蛰园，分灯而散。

文安公遗训谓："陶渊明之衔觞赋诗自侪怀、葛，与泰伯、仲雍之断发文身混同蛮俗，元可并行不悖，盖混俗者其迹，而怀、葛者其心也。"山人奉以为法。是岁《遁圃早春》句云"窜荆断发无穷意，剩托柴桑一卷诗"，义即本此。

是春看花，有两事可纪：一于暘台杏林中遇同年陈紫纶参议，追话捧土崇陵旧事，山人诗所谓"廿年留得看花眼，记向崇陵泣坠弓"。一为遁圃花时，适高蒨厂自江南来，欢然道故，因与排日宴赏，山人诗所谓"树从别后大如许，花待君来开特迟"也；又《别蒨厂》句云"便恐飘蓬限南北，隔江风雨正纵横"，后果成谶。时乡籍旧侣有笃社之集，中多山人同年生，每相与攀游都下名胜，集中《心樨招赏国花堂牡丹并导观正觉寺五塔》一诗，即笃社胜游之始。①

山人早岁即为骈俪之文，四十后所作益多，近年始事删定，编为《龙顾山房骈体文钞》八卷：一赋，二序，三寿序及颂，四记，五书启、跋，六传及碑铭，七哀诔祭文，八谢疏。嗣以谢疏近俗，仅以七卷付刊。同年章一山左丞、世好王越庄廉使、同社宗子威，各为骈语序言。是岁刊成，与诗词集并行，曰《龙顾山房集》。

---

① 此段首尾，有拟删除之标记。

山人所著《诗乘》，章子茗簃深赏之，因劝山人更搜词中掌故以成一代巨篇，山人初以为难。是岁长夏，博涉国朝诸家词集、词话，所述遗闻轶事多有可采，爰以《诗乘》之例，别著《清词玉屑》十二卷，乞茗簃审定，而汪子君刚序之。

周熙民师北来，同游柳墅观荷，山人有句云："默数社游多异物，自更家难忽衰翁。"盖山邱之感，家国之变，百忧侵迫，迥非少壮。凡久别重晤者，无不讶山人颓老也。①

山人初欲为诚儿卜葬香山公墓，恶其类丛冢，适同乡曾氏有香山外别业待售，花木甚繁，中有精室可居，旁一亭结茆覆之，远近峰峦尽罗眼底，若天然图画。有海棠林、丁香林、桃林、苇洼，其外隙地，曾氏备作生圹，松柏交阴，布置井井。延地师李姓勘视良吉，乃以数千金购之，名以"亦云巢"，堂曰"护春"，亭曰"天绘"，轩曰"当翠"。集樊榭句为联云："园小日来窥，爱选好峰撑屋角；雨多春半过，便有清禽到酒边。"浼黄嘿丈书之。别一联亦集樊榭云："当时劳人工，瘦格几回凭落月；春望怡我辈，烟条万一忆东风。"则林宰平所书，其跋语谓"不忘前人畚锸之劳"，意甚厚也。

是夏，踵榕荫堂律集之例，复举蛰园律社。曾与前集者，惟陈徵宇、周熙师、黄嘿丈尚在，自馀同乡郑稚辛、薛淑周、方策六、陈莼衷、黄公渚君坦昆仲外，乐此者甚鲜。乃不限乡籍，且以邮筒走南北。熙师在沪，高蓓厂在白下，宗子威在湘，关颖人、顾寿人、胡楚卿、许辛盦、杨君武在津，皆以诗来会，与会者至三四十人。月一集，集必二题，先日分题拈韵，限期截卷，用连环互取法集唱于蛰园之松乔堂，历数年，周上、下平韵，乃改为春、秋两集，至今仍之。其斗标，春以绢灯、堂花，夏、秋以后或以扇，或以文具，皆书画精刻，有"蛰园"款，或出名书名画及文房珍玩之属，得者宝之。

秋，小住亦云巢，秋花极盛。重九日，招心畬、闰庵、坡邻、君刚、

---

① 此段拟删。

彤士、嘿园诸君香山观红叶，且会饮于此；越二日，又招笃社诸子会饮，同至狮子窠观红叶，归经秘魔崖，题壁。

冬，归栩楼。尝与乡榜同年宴集津市，遇周斗钦太守，以近著互质；又与章一山、杨味云、顾寿人、胡楚卿、朱夔丞、徐贞孺、许辛盦、陈踽公、王彦超为消寒之饮。一日集栩楼，山人语及身世之艰，至求死所而不可得，不觉痛哭，众为酸鼻，一山掩面避之。

是岁，诠儿自法兰西学成归国，仍供职市府。

后二十六年丁丑(1937)，山人五十有六岁。

是年正月举律社，以春灯、唐花斗彩，自是岁以为常。山人《咏新柳》后半首云："为报春回迟不恨，争教人折弱无依。液池再起空馀望，何日青旗万骑归。"盖心坎中语。同社取元者八九，甫集唱，已传播行都，针芥之应如此。

为提倡旧学计，始与都下旧人筹设古学院，意在访求古籍、砥课后进。

《旧德述闻》《遁圃詹言》《洞灵续志》先后刊成。

为诚儿卜厝于亦云巢侧，山人自作志文，乞黄嘿丈书之。不曰"卜葬"而曰"卜厝"者，终不忘乡土也。

是岁游西山，登玉皇阁，循岩径步至洗心亭纵眺，天镜微濛，风泉入听，为前游未经之境。阁以桃著称，惜花时已过，旧祀玉皇，今奉佛，改名曰"静福寺"。①

诜儿自农曹南徙后，浮沈榷署者数年，是春始治矿焦作。出都日，山人为诗书扇畀之，结句云"扇题淹泪非伤别，痛忆崎岖陟岵情"，盖追忆庚子往事也。

遁圃花木移自逸圃者，以海棠、林檎、丁香为多，比岁增植牡丹、鸾枝。祠前尺地，屡种松不活，乃补以西府海棠。诜儿复于假山上植

---

① 此节拟删。

黄芍药数丛。花事之胜，遂过于蛰园。每牡丹、芍药花时，辄招客吟赏。①

寿皇殿前有娑罗二树，其一枯矣，其一作花甚繁，山人与汪子君刚往观，闻宫监述前年事，凄然涕下。有诗纪之云："阿监指点言，西番昔经贡。又云一树萎，传是并时种。此间奉御容，追索事倥偬。尊卑异所宗，赍去于何供。吾弱但口争，吾伴忠更戆。触树如不周，五步血飞湩。血干树随枯，冥嘿想馀恫。"是亦桑海后痛史也。

亭林先生生日，山人与都人士会祭于报国寺顾祠，谋以文安公《请准亭林、梨洲、船山三儒从祀文庙疏稿》勒石祠壁，以主者乏人，弗果。

夏，与蜕厂、蠒厂坐亦云巢，纵论世局，知事变将至，冀得如钱武肃者谋保土绥氓，顾当局非其材，在野亦无足与语者，付之一叹。②

六月，卢沟事作，山人尚在京师，越二日还津。蛰居栩楼者月馀，朋游俱绝，日以作画自遣，自是始稍稍致力于画。尝募〔摹〕绘《滦阳山庄试马埭图》畀骐孙③，又为章一山作《双鹤朝陵图》，皆题什以见志。

陈槐楼于光、宣间颇倡新法，穷而思返，深有宗国之思，然其言颇失偏畸，直谓"风云之兴，全为敓门而举"。山人知其非，尝与深谈，舌挢不能答，又不忍驳之。至是，槐楼感意有作，语颇诡僻。山人和之有云："枯棋入角窘劫持，一着满盘吾早券。上源雷雨竟为谁，万甲鸦儿色先变。"槐楼初不谓然，及其徐悟，则抑郁以卒。山人深痛之。④

郑太夷谢政后，久未入关，是岁复至津，谓山人曰："君之寄言，相

---

①　此节与下一节，均有删除标记。

②　此节拟删。

③　自"尝募"以下，至本节末尾，有删除符号。又，"募"似误，今由整理者据文意改订。

④　此段拟删。

勖相讽，以至见责者，仆皆闻之，所言良允。然君臣蜗寄，奚能远谋？频年忍事灰心，但得乞身闲居旧京，偷息数年，于愿足矣。”山人曰：“君诗不云乎——‘要使遗民见后清’？后清未见，君之事未了也，望更勉之。”太夷曰：“凡吾之诗，故作快语者，皆抑郁中聊以自壮，不独是诗为然，平日所作类然也。仆老矣，无能为矣，但‘青眼高歌望吾子’耳。”又云：“今之论者，皆望六龙回驭，无猛士，无谋臣，即如望，亦何所济？吾思之熟矣。”山人讶其人一生负气，不当作此颓唐语，询之他人，则太夷所言不如是之详尽，心乃稍释。濒行，约来春作旸台探杏之游；及期，而太夷噩耗至矣。山人诗曰：“三年闭户荆枳丛，意气一挫非昔雄。挥戈唾手今岂有，自为壮语穷愁中。”哀之也，亦惜之也。

冬，曹杜盦卒。山人与之订交于辽幕，四十年中契洽无间；丁巳之役，以山人荐，同与内直；晚岁闲居贫甚，山人岁助以六百金，历十馀年不改；其殁也，复厚赙之。杜盦集先世遗稿至百馀卷，无力付梓，亦山人力助之以举，所谓《干溪曹氏家集》也。心交顿尽，气类益孤矣。①

十二月，次孙久禔生，诠儿所出也。前二日，山人梦天马行空，忽投怀如燕，因字之曰“騠”，且于灯绢绘天马畀之，以为异日之验。

是岁，编近作曰《亦云巢集》《竹轩集》付梓。“竹轩”者，遁圃小轩，以种竹而名，山人置笔砚焉。又编近词为《护春》《瓶花》两集。

后二十七年戊寅(1938)，山人五十有七岁。

是岁春正，蛰园灯集，山人避寒不至。三月，诠儿南行，念两子远离，老怀殊恻，又平居抗怀希古，与俗多乖，苦无可共语者，乃入都访旧，以遣幽忧。游山看花外，与三五朋旧结画社，时共商榷，因识同时画家黄宾虹、祁井西辈，于山人雅相推挹，世始知山人能画。

---

① 此段拟删。

有筹助古学院经费者，于倡议同人各致膏秣，山人不受。

是春，遁圃牡丹特盛，集同人张灯赏之，即席赋诗，有补图者。[①]

则江弟五十生日，山人赋五古五首寄之，有云："移山所见殊，果否判仁智。谒陵从吾亲，子亦肩相次。"盖崇陵奉安时，则江弟亦与观礼也。[②]

山人比岁居京师，皆依祠庐，以蛰园为游宴之所，惟内室赁于钱氏。是年，黄公渚、君坦官京曹，觅宅子不得，始以园东之小鄂跗堂、结霞阁借之，初拟于此结社论画，既而不果。

时有结纳宿将吴某者，欲牢笼名流为之声援，独山人峻却之。台人李某者阴主其事，则濂弟之友也。一日，伺山人在蛰园，径诣之，力劝山人出山，山人曰："实告君，吾之忍辱偷生者，为亲在故耳；亲殁不死，则以主恩至厚，期得当以报。今皆已矣，此身赘存，心死已久，君但以死人视之，试问死者可复生乎？"李曰："公固俨然在也，后福方长，何得谓死？且公纵不自惜，独不为子孙计乎？"山人曰："君勿谓仆不能死也，苟相迫者，即仆授命之日也。吾故大清罪臣，死亦服大清衣冠，饰巾以待久矣。死之日，即吾归国之日。世人皆为子孙计，独吾不然者，非忍也。吾有句云'人生成就皆天定，橘柚楂梨不必同'，君试思之，吾之于子何如耶？子之于吾又何如耶？"李失望而去。后数日，张某招饮，山人知其有所为也，预却之。嗣知是日以公电索座间列名，独山人不与焉。其事终亦无成，然山人抗志自全，非预决其成败也。

王某领直北，欲山人长秘书，而不敢启齿，浼同年林季武探其意，山人大笑曰："吾岂为王门伶哉？"赋诗示之，有句云："凿坏讵不深，犹悔与名近。胡颜对俗儿，倾此坠弓恨。"自是当局知山人志趣之坚，无敢更以是说进。

---

① 此条拟删。

② 此节有删除符号。

是秋，玉峰塔重修告成，挈家人同登眺，又重访万柳堂故址，偕沅叔、公渚、君坦游栖月崖，看红叶。[①]

检箧见度辽时所服白风毛短褂，为督部公从军遗制，抚之慨然。山人佐戎幕、简监司，略同祖武，然督部公由是洊跻节府，手翊中兴，山人则身觏谷陵，迹沦草莽，回天志事，蹉跌无成，固缘负荷之艰，弥愧缵承之志，有诗志恨。

国朝定鼎以来，所以临御中邦者，实秉累朝成法而光大之，初未尝强汉从满，今人凌蔑典章，动曰“此清制也”，是为大缪。山人有慨乎此，因稽清制之导源于古及历代损益之殊，汇述成书，曰《竹轩摭录》，凡八卷。既刊成，以示同人，咸韪其旨，或曰：“是书撷古今制作之精目以摭录，毋乃不称，宜标之曰《清制溯原》，俾学者知用意之所在。”山人敬纳其言，然书已成，不可以改，则存其说焉而已。

是岁，乞画者坌集，画扇至千馀，及秋未毕。山人叹曰：“有其技者，皆以役于人，不如拙者之自遂也。”自是遂不轻作。[②]

冬，还栩楼，于津市购得《广陵诗事》初印本，为李浪公遗物。摩挲手迹，如对故人，感慨系之。

有邻卒突入祠庐，初欲鸠居，及瞻飨堂，乃肃拜而去，山人诗所谓“先椝能令貗貐驯，望祠绝似拜车尘”也。宗谱载：先世居玉融乡，有海寇来犯，见题匾，知为忠武王裔，相率罗拜。两事乃绝相类。

周熙师卒，今后无从问业矣，追忆增怆。

后二十八年己卯(1939)，山人五十有八岁。

春正入都，与蛰园律社灯集。

城西钓鱼台，为金章宗故迹，池流环绕，不广而幽。陈弢庵太傅承租于皇室，以为别业，上因而赐之。弢傅薨后，乡人以乏策维持，议

---

① 此节与下一节，皆有意删落。

② 此节、下一节，均拟删除。

祠四文公于此。四文公者，长乐林文恭，侯官林文直，闽县陈文忠（即弢庵太傅），及先文安公也。岁于春杪夏初具祭，四家子孙轮主之，是岁山人主祭，有诗述感。

夏，同沅叔前辈游极乐寺，复至觉生寺观永乐大钟，钟旧存万寿寺，国初移置于此。①

徐菊师卒。初，师患膀胱生痈，山人劝依西法割治，逡巡不能决。至是，患益甚，山人在京师闻耗，亟赴之，已展转床蓐，痛楚莫制。山人劝施针止痛，俾稍宁，或有治命。其亲属无负责者，坐视颠连，但有心恻。师在位时，山人屡效芹曝而不见用，不意弥留犹尔也。遗命悉依庶人之礼，而其家敛以民国祭服，山人不敢阻，惟榇用闽漆，则采山人之言也。

六月，与笃社诸子集饮于天宁寺绿野山房，观寺藏永乐十年舍经。越旬，复集于城北拈花寺朗公房，寺旧名"千佛"，以千佛绕毗卢像得名，今尚在，僧言开山辨融师为文殊转世，有牦牛募食之异。

是夏，霪雨成灾，津沽沦为泽国，栩楼地势较崇，获免。京师亦多雨，亦云巢花木颇损，秋花顿尽。

古学院诸君推山人修《清鉴》，山人曰："鉴者，鉴于既往之谓，吾不以清为亡，安得有鉴？"乃别推吴向之任之。向之颇徇时趋，欲以太平天国及三藩皆为国，谓其例本于《十六国春秋》。山人力驳之，曰："十六国者，割据之世也。圣清统一区宇，何可比论？且若发寇、逆藩，果成为国乎？否耶？"向之曰："不如是，则是书不得行于世，《清史》其前车也。"山人曰："著书者，千古之事，安得徇一时之浮言，掩千古之公义？且党国曩以曾、胡、左、李为罪，今且崇拜之矣，是公义未尝没也，公何为独狃？"吴终坚持，山人拂衣出，使人以书至曰："本院有大反公义之所为，仆无力救正，请辞。"向之见而大惧，答书云："前议悉罢，谨依尊旨。"书时，手为之战。先是，夏蔚如与吴有姻，闻是

---

①　自此以下两段，皆有删落符号。

事，为之缓颊，山人曰："私交不能夺公义，吾为公义争，非仇向老也。"同人初无敢启口者，及见山人力争得之，则以为所言当也。呜呼！士大夫之气节如此！

山人建议于古学院，请移所以养老优闲之费，搜辑昔人未刊名著，为《古学丛书》，即以仆所辞金移供是用，以为之倡。众虽赞同是议，而无捐金者，事遂不济。又建议移研究员抄撮之酬专修《清会要》，亦不克行。①

闻温毅夫同年卒，予谥"文节"。毅夫性疏戆，然大事不可夺。辛亥冬，尝三上疏劾袁阁，时政柄专于内阁，台章不得上达。国变后，始终完发，尝入直南斋。前岁东觐，感愤时事，抗章劾太夷罔上误国，斥守福陵，久之乃放归，抑抑以卒。山人挽以五律，有云"抗言几请剑，绝望始回车"，纪其实也；又云"馀哀徒慷慨，同志或参差"，则《四声集》中其人宛在，隐其名焉可也。

山人少时，遍阅诸家所续《红楼》，皆与原书不类，因欲自续之，以方治举业未果。是秋，胃疾特剧，隐几中忆及，遂信笔抒写，成六十四回，名之曰《红楼真梦》，凡三阅月毕事。书中于怡红及钗黛离合事迹，似较胜于近作，且处处皆与前书贯串。至著书大旨，固别有在，果如所言，海且不桑，复何有于扬尘哉？草成后，又手抄一遍，拟付石印。今各回中又屡经改窜，手抄者尚系初本，不足据矣。许辛盦闻山人作是书，颇非之，谓"何自轻亵乃尔"。不知文以达意，必如是，意乃可达，亦何能限以定体乎？其间涉笔低徊，感兼家国，往往泪随墨渍，不惟他人所不能知，即山人亦不自知其故也。

为公渚题徐武功山水直幅，有云："古人立身有本末，读圣贤书在知耻。我生恨晚所见殊，三事从容但诺唯。颇闻廷议缀旒如，蚁穴一决横流始。"盖指辛亥铁路国有之议也。是议发自郑太夷，由盛杏孙尚书提出，阁议，庆邸及那、徐两相皆病其操切，泽公亦非之，杏孙即

① 此段、下一段，均拟删除。

于议席手自改定，众以为较善，遂议决。及部疏出，则依然原案也，那、徐二公初甚愤愤，曰："议决而不能行，何用阁议乎？"庆邸曰："俟入对，相机言之。"既而监国见部疏，遽批准，庆等不敢争，终酿蜀乱。此山人闻自菊师者。是诗未存集，姑录于此，以备史料。①

是冬，即于祠庐度岁，山人衣冠谒祠，且摄影焉。

后二十九年庚辰(1940)，山人五十有九岁。

春，访碧云寺。步出山后，岩径窅深，杏林四绕，宛然旸台缩本。披林经壑，所见所触，无非花者。盖往躅所未经，亦都人所罕至也。②

国花堂下手补海棠，岁久成林，方春盛开，招都下吟侣觞集花间，座多六七十以外人，张伯翔年八十四，尤健。井西画家、松窗王孙各为作《补花图》，同人即席留题，装为长卷，亦衰时之盛事也。先是，傅沅叔购得张水屋为梧门祭酒所绘《国花堂赏荷分韵图》卷，山人劝其归诸寺，沅叔靳之，乃借而临摹一过，并及当时题什。是日，携卷付寺僧灵云藏之，山人纪诗云："补花补图皆掌故，更图补花乞题句。花时置酒山堂开，客廿七人尽能赋。"然客有未至而补诗者，则不止二十七人矣。

与蜕厂、君坦、君武同访崇效寺牡丹，展观智朴僧《红杏青松图》卷。山人早岁游寺，见智朴所书圣祖御制楹联，自称"臣僧"。盖是时方主盘山，以红杏、青松著胜，屡邀临幸，俗传其为洪南安部将者，诬也。③

美利坚国会图书馆首索山人所著书，山人畀之；既而美洲各图书馆皆援例以请，不得已，亦分寄之；有求之不得者，乃备价以购。异日吾道其昌于九夷乎？

夏，高颖生丈以所著《环翠楼集》见寄。初，山人肄业成均，颖丈

---

① 此段拟删。

②③ 此节拟删。

为监丞,故最谂。丈独居萧寺,山人将奉母西行,乃强其移榻寓中,且重托之,以是尤相厚。时丈方倾心西法,劝山人以译鞮自奋,山人之性不近也。其集中《阅会试题名录》诗有云"中朝有大官,自误复误子",即为山人而作。光、宣间,山人监司浙东,丈犹以郡司马典榷海门,时得晤叙。是时送人游学,有句云"振臂国门呼烈士",倾向可见。国变后,遁居不出,有"狂泉醒后尤知痛"句,则悔恨之词也。当时士大夫惑于嵬说,始而渴慕、继而追悔者,不一其人。山人之为山人也自若,《题颖丈集后》云:"尽道中朝人自误,误人风气更如何?"质之颖丈,当为失笑。①

杨毅人丈为瓯署旧掾,比自青岛来书,知其健在。别逾三十年,回忆当日幕中诸人,凋零殆尽矣。

吕文甫枢部有《枢直述往》之作,山人病其语焉弗详,因撮举所知,成《南屋述闻》二卷,待定未刊,蜕厂登之于某杂志。

曩在津,与诸同年咏科举故事,仅及小试。秋窗遣寂,乃举乡、会试以至殿试、朝考,一一为诗纪之,或律体,或截句,或长排,不一其制。关于场屋者,略备之矣。标之曰《科举概咏》,而自为之序。

是夏及秋,每携家人北海泛月,即于舟中晚餐,为闲居之一适,山人有句云"游人恋晚知宵热,稚子催归道雨来",可觇其趣。②

诜儿息疴沪上,稍远劳尘,老怀差慰。

稊园同年置酒招客,为傅青主先生生日。其诗以青主自居,以今日喻国初之局,窃所不解,赋长句辟之,有云"人生委贽义靡他,国士众人论终鄙",又云"神功圣德忍挈论,马牛来去知谁某",可以见山人之志。其与山人同作者,傅子治芗也,持义亦同。

是秋,沅叔招集龙树寺看芦花,为展重阳之饮,又与笃社诸子集饮于积水潭、汇通祠,皆承平觞咏地也。暇日复招笃社历游法华、广

① 此段文字与下一节文字,均拟删汰。
② 自此以下连续四节,皆拟删削。

化诸寺，有代谢盛衰之感。

山人主古学院，久欲舍去，以不忍手创之局终为群驵所据，故姑徐之。是时，经费顿竭，王逸塘领直北，允筹五千金，已定案，黠者设策，使移是金别建国学书院。而古学院之无赖者又拟举院中藏书献之，以效媚而干进，且有议鬻书分肥者。山人怒，手草千馀言致逸塘，悉揭其隐。逸塘知为人所诳，又自护前失，乃为调停，计分国学书院以第一院，委托古学院代办，而自任院长。有欲推山人副之者，坚拒之。惟以保存藏书自力，议定不得外借、私售，其散乱者督饬整理，捐资置函架庋之，于是蟊蠹尽去，院规一肃。山人《古籁堂晚坐》诗所谓："五蠹幸蠲终有望，群飞犹横恐多讥。抱残自是吾儒事，岂谓平生负气非。"此中感慨深矣。

逸塘设礼制会，欲山人综其事，却之曰："此岂议礼时哉？"既又欲聘为顾问，山人终持不可。

乡人林某者，亦有诗人之目，致书山人曰："曩梁某屡短子于人，吾习闻之，今渠呈身而子抗隐，可以见所尚矣。"意若引为同调者，且举其刺某某诗寄示。山人笑曰："老夫自有志，岂若辈所知哉？"为诗答之云："避风衔石彼何禽，杜宇魂归怨到今。快论只供人掩耳，孤生未信子知音。争王梦破初无世，誓墓身衰尚有心。未敢轻言廉耻事，草间吾亦负恩深。"①

以排印法印成《红楼真梦》四百部，甫成，出售泰半。

庚子一役，为新故蜕嬗之枢，关于国史者至巨。暇日阅诸家纪述至十数种，参以名家诗注，撮述其事，成《庚子诗鉴》，凡绝句四百首，每首各有详注。又续加搜辑，为《庚子诗鉴补》百首。同年夏枝巢、门人杨君武序之，皆俪体也。是冬付梓。

《榕荫堂律集》曩尝锓版，毁于庚子之乱，今传者绝罕，山人选近年律社课作为《松乔堂律集》，与前集合刊，署曰《蛰园律集前后编》。

---

① 此段拟删。

前集之作，其时尚未有蛰园，今综名《蛰园律集》者，以皆有山人在也。山人与前集时年甫舞勺，及后集则颓然老矣，《忆旧咏浯溪中兴颂》有句云“身历艰巇娴国乘，老馀撰述答君恩”，一若自为此生写照者，诵之有馀慨焉。门人杨君武及与律集，为作骈序，且任校勘。①

《清史稿》之行，由三两旧臣草草削定，志、传所列阙佚良多，论者引为馀憾。逊帝既印行《十朝实录》，山人以为宜及是时广延耆英修订国史，以传信于天下，纵钟虡未复，是亦尽力先朝之一端也。此意尝为陈仁先言之，是冬于莼衷斋中遇黄黄山，复申其说，黄山韪之，浼人转陈于上，亦未见纳。

后三十年辛巳(1941)，山人六十岁。

是春，啸龙舅遗诗刊成，山人为之序，且与周孝怀、张坚白分任其资。

时辈选山人及仁先诗，与时贵并列，曰《同声集》。山人耻之，为诗示仁先，有句云：“有怀绝俗宁同调，无计逃名剧厚颜。”仁先落落，殊不措意，山人愧其雅度。②

祁井西为山人绘生平行迹，凡二十幅，曰《龙山览揆》，曰《槐舍横经》，曰《晋岭驱车》，曰《桐江泛棹》，曰《仙霞看竹》，曰《桃田省墓》，曰《瀛海采风》，曰《虎邱访石》，曰《龙沙跃马》，曰《郭山补墨》，曰《茶山访梅》，曰《约园读书》，曰《湖船话雨》，曰《崇陵捧土》，曰《枫庐簪笔》，曰《木天寻梦》，曰《蛰园结社》，曰《西山饯腊》，曰《南塘唱晚》，曰《遁圃著书》。山人于每幅各系诗跋，装池成册，署曰《鬯芳述梦图》。“鬯芳”者，用御赐匾额字也。

祝丹卿吏部与山人同年成进士，又为南云叔分校江闱所得士，国变后家居不出，比奉母避地山中，母卒遂殉。知之者曰：“丹卿忍死三

---

① 此段段首、下段段尾，各有删汰符号一，或有意一并删除。

② 此段拟删。

十年，以母在故，若母尚在，渠必不死。其死以殉母，实殉清也。”山人闻而哀之，约同人各赋诗以吊。[①]

是岁，春游过松筠庵，见海棠一本，孤根撑立，其顶着花甚繁，若劲气内折者。僧云为椒山先生手植，俟考。

① 此段及下一段，首尾各有删汰符号。

附录一　卷芳写梦图

邕芳写梦图[1]

郭则沄

邕芳写梦图第一　龙山揽揆

越之山龙顾，阮傅楼于斯。腾腾选佛场，老守临襜帷。夙因果有无，感梦来白衣。王考锡之名，意若云途期。名成母不见，望子嗟何为。此生等坠甑，此恨山灵知。

龙顾山人者，生于台郡之龙顾山试院，因以自号。山有四照楼，阮文达督浙学时所建。时先王考按察公权知郡事，甫莅官，暂居眷属于此。先是，先妣冯太夫人望子切，祷于神，有白衣感梦之异。迨山人生，按察公推其命造，谓当以文学名，云南张侍郎沄卿方督浙学，因锡名"则沄"。台人言，生于是山者某某皆有闻望，山人当继之，颇愧无以副其言也。

邕芳写梦图第二　槐舍横经

人生有不忘，历历童丱事。槐阴灯火寒，衰梦犹数至。时攻干禄文，颇亦识奇字。看人笺水经，丹黄辄手试。飞氛促卷堂，此境等檠

---

① 据国家图书馆分馆编，刘家平、苏晓君主编《中华历史人物别传集》，线装书局 2003 年版，第 85 册，第 405—415 页。按：原稿由郭则沄手书于"明记纸行"所制十行(半页)笺上，凡二十页，今藏国家图书馆。又，《中华历史人物别传集》误题为"邕芳定梦图"，今予改正。

弃。永怀师友情，山丘激馀涕。

山人年十六，试京兆，报罢，寻考入成均修道堂肄业。堂下再生槐，俗云唐槐，实元许鲁斋旧植，道南赐舍以居诸生，曰南学，则孙文定掌监事所辟也。自光绪丁酉冬迄庚子夏，在学凡二年馀。同学中，丁叔雅最昵，每交卷，恒相后先，若斗捷者。司成诸公，若熙文贞师、吴燮臣师、吴文安师、张文厚师，皆特垂眄睐，而福山王文敏师期许尤至，庚子围城中晤先文安公，犹盛誉小子录科之文，距师成仁仅旬日也。悲哉！

瞥芳写梦图第三　晋岭驱车

家居恣一撞，变乱起俄顷。奉母仓卒行，欲留不敢请。天门直丛丛，危石心屡警。秋风七府营，中夜常独醒。孝友吾永惭，有闻皆不幸。持谢鹤书徵，微意岂箕颍。

光绪庚子，拳匪乱作，山人以父命奉继妣、挈弟妹避地太原。时已有西幸之说，意先公扈从，得相聚也。既而驾至，先公追扈不及，北望焦忧，心胆摧裂，计资斧垂罄，乃复摒挡南归。茧足荼心，倥偬长驿，生平未历之境也。西行途次，遇沈淇泉学使，日共唱酬，因相忻契。会诏举经济特科，学使末荐及山人，曰："天性孝友，才气无双。"誉出不虞，心窃愧之。

瞥芳写梦图第四　桐江泛棹

兵戈能聚人，一舟载北客。侍亲来省亲，山水皆喜色。滩声激不平，前路平于席。若为猿鹤惊，偿以沤凫逸。劳生几涉江，独兹在亲侧。风雪又襄樊，简书毋乃迫。

是岁秋冬之交，涉吴入浙。适先王父按察公拜观察金衢之命，先文安公亦自京师南下，纡道省亲，因得随侍舟行，泛富春江，以达三衢。舟中得句，辄呈先公削定，集中《龙游舟次》五古即是时所作也。先公澹于荣进，又瘁心世变，欲解官留侍，先王父曰："乘舆播迁，国事未定，忧辱之义，未可乞闲，俟吾退休，尔归养未晚也。"会行在有诏敦促，乃驰赴西安。山人以羸疾未愈，不获从，送至兰溪而返。

韬芳写梦图第五　仙霞看竹

仙霞为竹国，高下皆绿云。轻筰掠山来，戛玉何缤纷。亦晴亦烟雨，山气相细缊。猗玕翠交倚，左右青鸾群。嗟余名途客，暂至心已欣。大笑谢俗士，湘渭徒侈云。

辛丑、壬寅，两归里应试，皆自江郎山经仙霞岭以趋浦城。江郎山，望之如人立云中，神态宛肖，相传以为仙迹。仙霞则以竹胜，交梢接叶，弥望一碧。舆行其中，摩戛有声，如竹溪泛艇，而烟霭迷离，阴晴变幻，尤极恢诡之观。惜行役劳劳，未能为一诗状之。

韬芳写梦图第六　桃田省墓

桃田我未到，但见山萦纡。数折造山椒，隆然露覆盂。呼母泪已吞，山风答一吁。无穷霜露感，瞻拜才须臾。伤哉南北人，有子讵胜无。安得身为松，青青长墓隅。

先妣冯太夫人以光绪丙戌冬卒于京邸，逾年归葬于福州天财山，俗云桃田，以形肖故。时山人尚幼，弗克亲负土。迨辛丑归里应试，始获展拜遗阡，铫芞永违，邱垅并隔，防墓之痛，正复过之。先是，术者为先妣推命造，谓不当有子，有子则损寿。先妣祷于神，愿损寿以易子，果生不肖，遽折天年。赘世何成，追思滋痛！

甿芳写梦图第七　瀛海采风

忤俗傺一官，踟蹰始浮海。神山金阙开，惝怳化人在。潜波扇鳀鳌，涌目尽光怪。变衰哀众芳，椒性故难改。宝山虽空还，竹枝亦有采。援琴歌履霜，古调世谁解。

山人性蹇直，与世寡谐。既毕业于进士馆，授编修，遣赴日本考察法政，因自请留学。及抵东，听讲于早稻田大学。时鬼说潜煽，波谲云诡，居海外者尤肆。见闻乖迕，忧痗侵寻，几成笃疾。会徐菊人师出督东三省，奏辟为助，乃弃业赴之。是行所得，《东瀛采风日录》二卷、《江户竹枝》绝句百首而已。

甿芳写梦图第八　虎邱访石

三吴缅先治，旧阴吾所怀。竹林此结庑，风物新桥佳。劫愁世易忘，歌舫喧一涯。听法复何人，片石空沈薶。寒山忽丹臒，兴废等可咍。惟应荒寂味，有得归吾侪。

先曾王父督部公治吴最久，自粮储、藩、臬至巡抚，至今遗爱不衰。叔父南云公亦久官吴下，筑屋于新船桥。忆癸卯赴汴试礼闱、丁未游日本，皆先过苏小住。戊申就姻曲园，亦于先叔寓所设青庐，居月馀乃北返。庚戌交卸提学使事，乞假居吴者两月，时先叔赴官如皋，则别赁宅于醋库巷。每至苏，必游虎邱，访剑池、千人石诸名迹,中以金匮令伊君之招,尝一游惠山,惜金焦咫尺,未果游也。

邕芳写梦图第九　龙沙跃马

投笔为虎头,勿复谈馆阁。军前短后衣,匹马健于鹘。边寒冻裂指,一笑盾书削。指挥返三城,咳唾动千幕。身如渥洼驹,飞腾不受缚。宁知老北平,乃类穷东郭。

光绪丁未冬,出关佐东督徐公幕府。时珲延边务方棘,运筹草檄,悉以一身任之,每夜午未休。又从徐公巡边,遍历吉林、黑龙江,冰雪载途,日行辄百馀里,或车或骑,或乘爬犁而驾以马,行役况瘁,略见诗篇。周少朴中丞抚江,力推备兵呼伦,而同时适拜分巡温处之命,中丞寓书云:"君才如天马行空,不获共支边局为憾。"

邕芳写梦图第十　郭山补墨

郭公名此山,若为臣家设。公孙似郭公,英年继持节。题楹手迹遗,痛付颠风掣。补墨待公来,郑重州人说。粗材惭祖砚,此事敢辞拙? 年年山花红,照我泪成缬。

先按察公之卒,以光绪乙巳二月,迨宣统己酉山人之官浙中,相距仅五年,窃痛公之不及待也。温州郭公山有富览亭,擅林壑之胜,按察公守郡日尝制联语,锓木张之,岁久失去。州人喜公孙之至,曰:"是以待公孙补书也。"山人不敢辞,敬书授之。治瓯凡二年馀,瓯人于其去辄奔走吁留。迨浙变作,先已卸官,犹尽辇几榻筐篚之属归之,曰:"郭公不可负也。"自维德薄,何以得此? 盖按察公之遗泽深矣。

巉芳写梦图第十一　茶山访梅

茶山若削铁，厥脉承大罗。沿缘循橘浦，一镜浮烟螺。近林始见花，散锦成横拖。龙女去已久，化身千玉娥。我来屏轩盖，意恐花神诃。薄游感羁鬓，芳意愁蹉跎。

山人居瓯，劳心簿领，雅游几辍。尝与孟纯姊婿，民原、青原两弟游仙岩，又偕幕僚会饮于卧树楼、江心寺，皆仅事也。庚戌始春，郡人吕文起观察招作茶山之游，同游者余小泉编修、吴博泉郡守。山距城东南四十里，棹舟赴之，微雨冥濛，抵山渐霁，芳塍左右，香雪交林。拙作《茶山探梅记》所谓"村落带水，平铺若霞，冈峦争春，横抹成绮"者，盖写实也。三雁咫尺，失之交臂。拟巡栝苍[①]，一探桃岭，值迁调不果，独兹游可念耳。

巉芳写梦图第十二　约园读书

定香名天下，往者怀阮公。扢扬共微尚，但恨世不同。到官迫黄落，荷尽亭亦空。欹斜列菊坡，把卷哦其中。俗方竞机智，已矣谈羲农。穮蓘不敢废，万一逢时丰。

宣统庚戌秋，权提学两浙。巡抚增公采虚声，强使兼领幕府，固辞不得。旦必趋府，昼则疲于集议期会，夜归则积稿堆几者数束，次第翻阅，辄至四鼓乃毕。然偶值隙暇，携书瀹茗，小坐于约园之定香亭，菊坡参差，竹阴萧爽，辄澹然忘俗。或二三幕

① "栝苍"，似为"括苍"之误书。

客析疑辩难，纵论古今，亦复顾而乐之。杨味春观察尝过访亭下，笑曰："阮、潘遗韵，不图复见于今。"愧谢而已。

蹔芳写梦图第十三　湖船话雨

短篷风摇摇，诗客载其二。谈诗忽不乐，语挟棘驼泪。瓦全讵始期，勿恨河山异。湖渌能醉人，杯外姑拨置。云萍聚大难，微雨记沾袂。堤前列炬喧，挥手复城市。

山人与孙希孟司李幼同砚席，庚子乱作，希孟奉母仓卒归，以藏书寄山人许，中有蟹行书，或虑触祸，请毁之，山人不可。迨主约园，希孟来访，即招之入幕。既而交卸有日，希孟亦将归省其亲，乃相与泛舟西湖，置酒刘氏庄，纵谈竟日而别。是日微雨，尝为《湖船话雨图》记之。时希孟已归道山矣。

蹔芳写梦图第十四　崇陵捧土

负罪虽邱山，天倾讵忘补。寝殿拜松阴，梓仰桥则俯。谷陵藐千劫，本穴终戴土。为亡胜死无，遂恐无死所。遗山称本金，揆义固有祖。恻怆杜鹃魂，一涕愧臣甫。

癸丑冬，德宗景皇帝、孝定景皇后奉安崇陵，山人从先文安公诣陵恭送，礼成乃返。自是万寿、大婚诸典礼，皆执礼从诸臣后。甲子移宫，及裕陵、定东陵之变，先公与诸旧臣驰电当轴，力持正义，山人亦赘名于末。嗟乎，偷息初心，固犹有在，攀天屡蹶，垂暮何成？尝有句云"馀生尘露终安托，偃蹇难为独往心"，笔之有馀愧焉。

瞥芳写梦图第十五　枫庐簪笔

大事若举棋，一掷误卤莽。南斋草诏初，闻命殊惝怳。内奄传赐餐，酸泪忽难仰。忧辱臣敢辞，同辈或病调（谓章曼仙枢部）。钟虡幸天全，孤注计已枉。伤心南屋编，含辛话畴曩。

丁巳黄旗之举，先有成盟，张忠武入人言，忽中变，既又仓卒举之，众皆观望，又一无戎备，以至束手坐困。山人奉命充枢直领班，以便服入直，初集于养心殿，嗣移南斋，再移于枢曹南屋，幼年闻于先公者，至是乃亲睹之。尝言于当局，谓"先朝立宪有训，未可失大信于民"，于是有筹备国会之诏，山人手草也。一日，直养心殿，内监传太妃谕赐食，语挚而哀，山人为之彷徨涕下。事详所著《南屋述闻》。

瞥芳写梦图第十六　木天寻梦

峨峨旧银台，于兹置金马。丹地虽非初，花竹亦潇洒。穷桑倏改晖，三宿意宁舍。最伤省石遗，庭闻泪兼惹。浮生皆过客，万事逐飘瓦。燕子恍归来，焉知是新厦。

翰林院署旧在玉河桥畔，毁于庚子之乱，会通政司裁，即以其署为翰林院。最后任通政使者，先文安公也。山人癸卯释褐，即于是署就官，盖不啻元超省石之传。国变后，山人佐徐公幕，以徐公之托，创设经济局于此。共事者张贞午侍郎，亦翰林先辈，相与徘徊园亭树石间，追话前尘，不胜悲感。

鬯芳写梦图第十七　蛰园结社

四世主风骚，蛰园为之殿。所居花石饶，宾从尽隽选。钵声不满百，蓼莪泪犹溅。律集后继前，馀韵晋安擅。好事岂近名，幽忧赖自遣。月泉匪敢希，窃慕玉山彦。

先督部公官翰林日，即狎主坛坫，按察公里居，尝与同志十子结南社，雅绪相承，由来旧矣。山人幼时，每从文安公与榕荫堂吟集。岁庚申，得瑶林贝子废园，稍葺之，为蛰园。乃奉文安公邀春明耆旧结钵社于园之结霞阁，月一集，集必二题。迄先公弃养而辍，计未满百集也，刊所作为《蛰园击钵吟》二卷。比年，复继为律社，初为月集，嗣改为春、秋二集，选刊所作与《榕荫堂律集》合编，署曰《蛰园律集前后编》，凡三卷。是亦晋安风雅之遗、玉山唱酬之亚也。

鬯芳写梦图第十八　西山饯腊

选事何凌兢，寻山必残腊。啸侣不在多，亦不载蛮榼。爆声迎客来，剧笑骇山衲。暄凄岁靡同，间或雪峰蹋。南行失聆风，残沛触心咽。寂寂山笑人，穷年但支榻。

己未、庚申间，偕聆风岁除游翠微，归而赋诗，颇惬萧趣。自是每岁除必往，或独游，或招客，不尽同也。而聆风每游多共，故山人有“殿腊寻幽如有例”之句，如是者凡六年。自山人居津，聆风入南，此游遂辍。比聆风横折，偶过西山，见壁间题字辄为腹痛，虽春暄亦不忍复游矣。世间不乏萧寥之境，而难于萧寥独往之人。迫岁犯寒，跉跰往返，若不可已者，何哉？思之可哂，滋可怀已。

觙芳写梦图第十九　南塘唱晚

风香隐蒲深，沿洄不计里。桥低笠屦侧，傲傲影在水。买莲泊柳阴，转棹歌声起。有时载娥媌，一篷小红倚。为欢若饮醇，馀味醉醒里。零落水香洲，使我思君子。

侨居沽上，触目尘滓，独水南李氏园可游，春、秋恒觞集于此。入夏，芰荷方盛，则八里潭尤胜。每与二三胜侣棹小舟往，溯洄花间，或载妓乐，水花交拂，衿袂生芬。更远则泛至青龙潭，尤擅萧旷峥泓之致。时同人方结词社，因署所作曰《烟沽渔唱》。查峻甫、郑太夷、李子申、郭调白，皆当日同游者，今先后化去；周息庵病废；馀亦萍散南北。近年，张仲金于其间建水香洲别业，稍具台榭之胜，与许辛盦、侯疑始、曾次公辈屡赴之，有《水香洲酬唱集》。仲金逝后，洲亦荒矣。

觙芳写梦图第二十　遁圃著书

负山百不遂，退计始著书。著书亦安用，遮眼良有馀。赐壤景山下，为祠为圃庐。闵门事掇拾，有见惟皇初。汗牛与汗马，身世参乘除。六十不知老，兀兀将何如。

庚午秋，上有所筹度，屡咨于山人，且必欲见之，造膝久对，垂询周至。事中隳，逾年遂东狩。或谓山人曰"大清亡矣"，山人不敢置词，然誓于先灵，自是绝口世事，剸心著述，成《十朝诗乘》廿四卷、《清词玉屑》十二卷、《竹轩摭录》（一名《清制溯原》）八卷、《庚子诗鉴》五卷、《旧德述闻》六卷、《遁圃詹言》十卷，志在补国史、存家乘，次亦阅历甘苦之言。自馀所作《南屋述闻》《洞灵小志、续志》《石头补记》，山人以为游戏之作，不足存者，要亦不失微旨。尝萃刊先代三世诗文、奏疏、杂著，遵文安公遗命，以叔祖《惜斋诗词》附之。若生平自作诗词文字，类不自惬，亦有《龙顾山房骈体文》及《诗集》《诗馀》若干卷在。

附录二　传记资料选辑

哀启(郭曾炘)[①]

哀启者：

先严早岁体弱，秉性敦厚。年十有三，丁先祖妣陈太夫人艰，哀毁如成人。先后侍先曾王父总制公、先王父廉访公，历吴、楚、浙、粤诸省，砥志劬学，心力渐耗。及冠，先妣冯夫人来归。光绪乙亥举乡闱，庚辰捷南宫，以庶常改官礼曹。壬午，不孝则沄生。甲申，挈眷北上，趋公馀暇，犹课不孝则沄读。丙戌，先妣冯夫人卒。逾年，继慈王夫人来归，先后生不孝养刚、则济及季弟则汉。其时，先严兼直枢垣，枢堂诸公夙重先严才望，草诏外兼咨大计，退直复趋曹治事，以积劳辄患气喘，赖继慈多方调护，得渐减。

庚子拳乱，邪说方炽，先严密陈于荣文忠、王文勤，与东南互通消息，互保之约实先严成之。于时言官有请骈诛东南大吏及按户搜查汉奸者，先严皆力寝其议，保全甚大，然心力以此益耗。其秋，联军陷京师，乘舆播迁，先严居围城，焦愤万状。时京陕道梗，及冬，附粮艘南下，便道省先王父于浙。先严依恋庭闱，复迫朝命，乃于残腊就道，间关数千里，舟车屡易，次年三月始抵行在。会议和诏下，枢政益繁，曩在京常进补饵，及至陕，睹两宫蒙尘状，遂屏弗御，然体力较健。不孝养刚侍侧，先严诏之曰："习劳足以尊生，尔曹识之。"辛丑回銮，沿途皆赶赴前驿备诏草，抵京后兼权诸部，职责益重而淬厉不渝。翌年，不孝则济奉母旋都，而季弟则汉已前殇。乱后重逢，益增感触。

① 录自刘家平、苏晓君主编《中华历史人物别传集》，线装书局2003年版，第72册，第867—869页。

不孝则沄癸卯通籍，复侍京邸，一家团聚，先严为之色喜。

乙巳二月，先王父病革，先严乞假驰省，及抵浙，先王父已先二日弃养，引为隐憾，自是抑郁不怡。服阕，补官邮部，旋除礼部。尝疏请以梨洲、亭林、船山三儒从祀孔庙，又为庚子死事袁、许诸公请谥。画一服制议起，先严抗疏力争，始定悉从汉制。未几，迭遭国丧，往返山陵，驰征殊瘁。其间时事已非，不孝则沄方视学浙中，先严手谕隐忧世变，有如烛照，盖频年日在焦劳忧愤中，而体力亦渐衰矣。

辛亥后，闭关却扫，惟悉力促成先朝《实录》《本纪》，勘校忘疲，暇则致力于诗。其时，少莱、南云、海容、景舆诸叔已相继即世，俯仰家国，隐痛益深，辑所著诗为《亥既集》。嗣与诸老辈以落叶诗相倡和，复编续作为《徂年集》。不孝等劝节心神、慎调卫，先严曰："吾今后岁月皆作已死观。"然精神益固，步履益强，不孝等谓爱日方长，私深庆幸。

今岁三月，值朱氏妹之丧，老怀滋戚。比山陵事起，先严赴津叩奠，归后益郁郁，复成《匏庐剩草》一卷。入冬，眠食如常。十一月望日，偶患胸气作痛，每数分顷即愈，自谓无碍，延全医诚斋诊视，谓体强无病，姑进舒肝调气之剂。服两剂后，胸痛见愈，仍时赴诗酒之会。廿四日，晨兴易内衣，稍劳，胸气觉痛，旋愈；起进点心后，就案阅书作诗，一如平日，且谓夜眠甚佳，大便亦畅，人见舒适；午后，尚拟出游；未初，觉胸痛微作，就榻小憩，痛亦竟止，不意谈笑间痰忽上壅，猝失知觉，急延德医至，则谓"心脏已停，脉息已绝，无从施治"，竟弃不孝等而长逝矣！呜呼痛哉！

不孝则沄、养刚先时未能预审病源，临时复不及力图挽救，不孝则济远宦泗水，不获亲视含敛，茕茕罪疚，不可为子，不可为人！不孝则沄在津，甫得先严手谕，谓"近体痊可，心怀亦舒"，并诫以"富贵功名，非此时之福"，讵意此竟为先严之遗训耶？呜呼痛哉！天降鞠凶，不殒吾身而夺吾父，抱恨终天，百身莫赎，只以窀穸未安，慈亲在堂，不得不苟延残喘，勉襄大事。苫块昏迷，语无伦次，伏乞矜鉴。

棘人郭则沄、养刚、则济泣血稽颡

郭文安公墓志铭[①]

陈宝琛

公讳曾炘，号春榆，一号匏庵，晚称遁叟。自其本生曾祖光禄公曰阶三者由举人官教谕，亲见五子科第，遂为吾闽望族。祖柏荫，道光壬辰进士，官至湖北巡抚、湖广总督，国史有传。父式昌，咸丰己未举人，浙江金衢严道，署按察使。妣陈夫人，赠一品夫人。

公光绪庚辰成进士，改庶吉士。散馆，用主事分礼部，隶仪制司，与修《会典》。癸巳，充军机章京，洊升郎中。三次京察一等，擢内阁侍读学士，转太常少卿，迁光禄卿。两宫西狩，驰赴行在，授通政使兼政务处提调。回銮后，三摄侍郎，而枢直如故。骎骎向用矣，以忧去。服阕，授邮传部左丞，旋署礼部右侍郎，复调礼左，逾年除礼右。宣统三年，改礼部为典礼院，授副掌院学士，旋署掌院学士。逊政诏下，朝列星散，独完所守以授代者。公盖始终为礼官，中兼掌制，星一终耳。

初，公在部，以端悫有文，为李文正所知，故在政府多所咨度。荣文忠闻诸文正，亦雅重公。拳祸亟，得与东南疆帅往复策画，而互保之约以成。时有请杀某某大吏及派义和团检搜宫宅者[②]，亦以公言而止。

---

① 据陈宝琛著，刘永翔、许全胜校点《沧趣楼诗文集》，上海古籍出版社2006年版，下册，第412—415页。

② 原刊作“宫宅”，似误。按：陈宝琛此传，另见录于《广清碑传集》（钱仲联主编，苏州大学出版社1999年版，第1156—1157页），“宫宅”作“官宅”，与语义更相符。另，王树楠撰《赐进士出身诰授光禄大夫太子太保头品顶戴署典礼院掌院学士郭文安公神道碑》，也有“时有议骈诛大吏及清搜内外城官宅者”句，详下文。

画一服制议起，同官将改汉从满，张文厚争之，久不决。公再至部，援据经史，手草千数百言，议始定，满汉同服三年丧，著为制。黄梨洲、顾亭林、王船山三儒从祀之议，肇于数十年前，赵御史启霖复汇为请部议，先征众论，或主专准顾氏。覆上，公特疏力陈宜并从祀，乃报可。

宣统初政，特诏褒谥徐尚书用仪、立尚书山、许侍郎景澄、联阁学元、袁太常昶，从公请也。张文襄常语人："百年来，礼官能举其职者，郭某一人而已。"

性澹退，立朝无所援系。当光绪中叶，揣大乱将作，自以世臣不忍去，见同巷庞光禄鸿文引疾归，署所居曰"愧庞"，既又署曰"再愧"，愧无所献替也。其起复还朝，疏陈五事，有曰"挽积习"，则揭请求馈遗之弊，归责于枢近，两宫动容，而嫉者益甚。久之，始以资深贰春卿。时新学方兴，已有排斥礼教者，故公在官常以维持人纪汲汲也。

公故充实录馆副总裁，解官后治书如故。既复奉命勘修《德宗本纪》，书成，赏头品顶戴。《实录》尊藏皇史宬，竣事，加太子少保衔。大婚礼成，晋太子太保衔。七十生辰，拜御书联扁及珍物之赐。常以报恩无日，怒然中伤。播迁以来，仍岁时朝谒，虽扶疾无间。戊辰六月，裕陵、定东陵之变，上变服设位，朝夕祭奠，公亟奔问，随班行礼，归益愤郁不自憀。十一月己酉，日加未，觉心痛，遽卒，春秋七十有四。遗疏上，诏赠太子太保，赏陀罗经被，派贝子奠醊，予谥"文安"，赐祭葬如例。

公内行肫笃，待亲旧有终始，与人乐易而不为苟同。人有一善，必盛誉扬，及操衡鉴，则又甚精审。癸卯典山东试，庚戌主举贡会考，皆得士。殿廷试事必与阅卷，众重楷书，公务主实学。

公故博洽多识，辛亥后感时怀旧，一寓于诗，既成《亥既集》，继以《徂年集》，并《云萍簏稿》合刻为《匏庐诗存》，凡九卷，读之可以知公之所存矣。其未梓者，有《读杜札记》《楼居杂记》各一卷，《邴庐日记》若干卷。

配冯夫人，继配王夫人。子四：则沄，光绪癸卯进士，由编修简授浙江温处道，署提学使；养刚，北洋大学卒业，赐进士，翰林院庶吉士；则济，二品荫生，民政部主事；则汉，殇。女五：刘子达、朱焜、黄孝平，其婿也；一殇；一未字。孙八人：可诜，北京大学毕业，理科学士；可詠、可诚、可詅，俱肄业大学；可谭，殇；可諒、可譔、可诩。孙女六。

则沄兄弟将卜吉扶榇，归葬于福州西门外刑财山之阳①，乞为埋幽之文。予再出，与公同朝，不自意相知爱至二十年。既序公诗，复诔公丧，今又铭公墓。公有知，不滋为予悲耶？铭曰：

郭氏之先，出于汾阳。唐咸通中，始籍闽疆。千有馀载，益炽以昌。惟肃致雍，礼为家坊。天子命公，本修作献。用贰秩宗，上下时宪。公亦毅然，思张国维。援禽入人，首笃伦彝。一方溃堤，万涂荡轨。蹄迹交横，冕裳裂毁。礼原止乱，既乱曷止？箪敝咸多，衔哀至死。死有不泯，忠肝古心。傥化灵氛，毕涤阴霿。报国寸丹，幽明不隔。我铭公阡，魂兮永宅。

---

① “刑财山”，应为“天财山”。《龙顾山人年谱》光绪十三年丁亥条称，是秋冯太夫人“归葬于福州北门外天财山”；郭氏手稿《邕芳写梦图》、钱仲联主编《广清碑传集》所录陈宝琛此传及王树楠撰《郭文安公神道碑》，均作“天财山”。

赐进士出身诰授光禄大夫太子太保头品顶戴署典礼院掌院学士郭文安公神道碑[①]

王树楠

公侯官郭氏，讳曾炘，原名曾炬，字春榆，号匏庵，晚自称福庐山人。系出汾阳，唐咸通中，有讳嵩者入福建之福清，是为始迁之祖。其支祖讳志龙，再迁省垣。六传至曾祖讳阶三，字介平，嘉庆丙子举人，官连城、同安教谕，生五子，皆登科，其族益大。仲子讳柏荫，字远堂，道光壬辰进士，以翰林院编修历官江苏、广西、湖北巡抚，一署湖广总督，公之祖也。考讳式昌，字谷斋，以咸丰己未举人，官浙江金衢严道，署按察使。三代皆赠光禄大夫。曾祖妣林，祖妣沈、杨，妣陈，皆赠一品夫人。

公幼聪敏，书过目辄成诵，有神童之目。年十六，补诸生。光绪乙亥，举于乡。庚辰，成进士，改庶吉士。散馆，以主事分礼部，隶仪制司，与修《会典》。己丑，大婚礼成，赏四品翎顶。辛卯，补官，充军机章京，擢员外郎，迁郎中，晋三品冠服。三次京察皆一等，寻擢内阁侍读。逾年，转太常少卿，超升光禄卿。

庚子，拳匪乱作，联军陷京师，太后挟天子西狩长安，扈从不及，乃南下省亲。是冬，驰赴行在，授通政使，仍直枢府。时创设政务处，以公为提调。回銮叙劳，予侍郎衔。旋署工部左侍郎，调礼右，兼署

① 录自卞孝萱、唐文权编《辛亥人物碑传集》，团结出版社 1991 年版，第 694—697 页。

户部左、右侍郎，枢直如故。乙巳，丁父忧。服阕，上意以侍郎题缺畀公，为忌者所阻，授邮传部左丞，旋署右侍郎，调礼左。明年，补礼部右侍郎。辛亥，改设典礼院，授副掌院学士。逊政诏下，交替后，僦居一椽，泊如也。

先是，宣统初元，充实录馆副总裁。癸丑，复奉命勘修《德宗本纪》，馆费皆自备。书成，颁御书扁额。先后叙劳，赏头品顶戴，紫禁城骑马，加太子少保衔。大婚礼成，晋太子太保衔。七旬赐寿，颁御书扁额，恩至渥也。

公清勤廉慎，熟谙国家掌故，其所建白，皆洞窍要。其在枢府，密计玄策，当轴者多关决于公，然未尝一诣私室。公之擢光禄卿也，为枢相某荐引，欲藉此致门下，公执不可。拳民之变，公草谏书，未及上，密言于文忠公荣禄，画东南疆吏互保之策。时有议骈诛大吏，及清搜内外城官宅者，公力言于枢府，寝其疏。其侍行在，条奏新政，多议行。及扈跸回京途中，支短几，挑灯草诏书，往往达旦不能寝。某邸由译署兼直枢廷，译署例，僚属见者，皆屈膝，公独长揖，某邸忌之，然以公持正，无如何，乃瞰公生日，馈以多仪为寿，公亦俟其生日，封还之，忌者乃益深，不顾也。

公尝见国是日非，人心不靖，乃疏陈五事，曰"信诏令""定国计""挽积习""融成见""正学术"，皆洞中时弊。而"挽积习"一事，则直斥政府大臣贿赂公行，言尤切直。公风裁峻整，棐忱忠舌，多言人所不敢言。先是，江西学政陈公宝琛请以明儒黄宗羲、顾炎武从祀孔庙，朝士复有以王夫之并请者，格于部议。公抗疏解故，反复辨言，卒邀俞允。侍郎许景澄，太常袁昶，尚书徐用仪、立山，阁学联元，以谏拳匪被诛，公疏请褒恤，上皆赐谥，以表其忠。旧制，汉员亲丧三年，满员则仅百日。时有言画一服制者，尚书溥良主改汉从满，持之甚坚。公再莅部，援证经史，发六不可议，溥良不能屈，即署入奏。自是满汉居忧皆去官持服三年，定为制。张文襄语人曰："百年以来，礼臣能识大体者，一人而已。"

国变后，公蛰居都下，每岁时趋朝，值恩赉，戚戚不欢，言及辄流涕。尝上书当道，请仿历代衍圣公及泰西教皇例，定逊帝尊号，永袭甲子。乘舆出宫，复致书请尊重优待条件。戊辰，值裕陵、定东陵之变，祭奠归，感愤致心痛疾。十一月二十四日卒于京师，春秋七十有四。遗疏上，诏赠太子太保，派贝子溥伒奠醊，照一品官议恤，赐祭葬如例，予谥"文安"。

公事亲孝，虽远隔一方，孺慕之心，如侍左右。兄弟七人，前卒者所遗子女，皆抚之成立。胸无城府，与人交，始卒不渝。其处乡里戚党，扶倾周急，毕其力之所能为。居恒缄默寡言，然遇事之当言者，侃侃力争，不避权贵。爱士如性成，一艺一技，称之不绝口。光绪癸卯典试山东，宣统庚戌主举贡会考，称得人。其覆试经济特科，考试进士馆留学毕业，以及优拔贡朝考，考试试差、御史、中书，公皆与焉。其所阅卷，以实学为主，不专重楷法。

其于书，靡所不读，俸馀辄以购书，至老未尝释卷。尝言："古人所谓'三不朽'者，惟道德、文章历万劫常存，若功业，乃一时之事，过则已耳。"甲午后，睹朝事纷更，慕光禄庞鸿文之归隐，因颜其斋曰"愧庞"。庚子，赴浙省亲，以时事艰危，义不可去，复署其轩曰"再愧"。盖避世之心，蓄之夙矣。公学通中西，与京卿严复论中外学术，质疑辨难，称为挚友。诗文多散佚，其《亥既集》《徂年集》《云萍簏稿》，皆晚年所著手自删定者也。外又有《匏庐剩草》《读杜札记》《论诗绝句》。津居日，铨镜历朝学说，著《楼居杂记》诸书。其《邴庐日记》，则始自丙寅，讫于易箦者也。

公原配冯氏，卒于光绪丙戌，继配王氏，皆封一品夫人。子男四：曰则沄，光绪癸卯进士，翰林院编修，头品顶戴，记名提法使，署浙江提学使。——冯夫人出。养刚，北洋大学毕业，赐进士，翰林院庶吉士；则济，二品荫生，民政部主事；则汉，殇。——王夫人出。女子子五：长适贵州补用知县同邑刘子达，次适翰林院庶吉士松江朱焜，三适同邑黄孝平，四殇，五待字。孙男曰可诜、可詠、可诚、可诠、可谭、可諒、可譔、可诩，凡八人。可诜已毕业北京大学，为理科学士。女孙六人。则沄等将以某年月日归葬于福州西门外天财山之麓，而属树楠为文镌诸神道之碑，乃为铭曰：

郭之居闽，仍世大家。我公杰出，蔚我国华。繄公之学，中西一贯。龙跃天衢，流声翰院。公熟国故，执礼不移。蹑其轨迹，吏不敢欺。逮赞枢密，筹昏策乱。诞章硕条，唯公主断。公性简默，不可则争。挈其纲纪，略其细轻。取与辞受，严于一介。视挟贵者，长揖不拜。庚子以还，国是纷更。卒陨厥命，地拆天倾。公持一心，与国同戚。甘曳于泥，以濡其迹。感时触愤，晚以诗鸣。消日遣时，著述满楹。忠爱之忱，溢纸盈字。惓焉故国，有泪倾眦。昊天不吊，一老不遗。镌碑诏来，视此铭辞。

龙顾山人生传①

孙　宣

龙顾山人者，蛰园郭氏。世为闽望族。曾祖讳柏荫，清道光壬辰进士，湖北巡抚，署湖广总督；祖讳式昌，咸丰己未举人，浙江金衢严道，署按察使；父讳曾炘，光绪庚辰进士，典礼院掌院学士，太子太保，谥文安。

山人名则沄，字啸麓，号蛰云。龙顾山人，其自号也。龙顾山，枕临海城北，台州府试院在焉。乾隆间，阮文达公督浙学，建四照楼于山之麓，号为名迹。光绪壬午，按察公守台州，文安公以庶吉士侍亲官舍，爱其幽胜，居之。母冯夫人祷于神，遂生山人。自少喜弄笔研，读书过目辄成诵。年十三，遍涉经史，谙练典故，以文学知名。庚子夏，义和拳乱，避兵赴太原，学使秀水沈公适遇道中，联辔与语，大惊奇之。寻举经济特科，不就。壬寅中式福建乡试举人，明年成进士，改庶吉士，散馆，以第一人授编修。

当是时，朝廷惩前败，锐意变法，兴西学，举新政，岁选翰林与京

① 录自《中华历史人物别传集》，线装书局 2003 年版，第 85 册，第 402—403 页。按：据孙宣自述，此传撰成于 1938 年（“岁在著雍摄提格冬十月”），其时郭则沄尚健在，故名曰“生传”。此传郭氏当曾寓目，故能在其身后附印于《哀启》之末。又按：孙氏此传，曾选刊于《温州文史资料》第七辑（温州市政协文史资料委员会编，浙江人民出版社 1991 年版，第 211—213 页），题为《龙顾山人传》，“胡珠生录自孙宣遗稿，温州市博物馆藏”；后被选入《民国人物碑传集》（卞孝萱、唐文权主编，四川人民出版社 1997 年版，第 717—718 页），改题作《郭则沄》，仍属节录。此次以《中华历史人物别传集》所刊影印件为据，全文录入，且恢复“生传”之名称。

朝官秀异者游学日本，顾皆往往忕狃耳目，昧陋颠倒，莫知程幅，山人独推其所学，究察异同，镕冶新故，精咨周揽，用相考衡。偶成《江户竹枝词》百咏，绝玮丽，竞相传写。东三省总督天津徐公辟佐幕府，会诏举人才，徐公疏荐之，两宫召对，褒许甚渥，特旨以道员用。宣统初，醇亲王监国，擢补温处道。道阙员，枢臣有所荐，不用，及是因言："郭某年少，当老其才而用之。"监国曰："郭某才，先朝所知也。"遂果授。

温州商埠，市舶辏集，兼领海关、监商税，税课繁杂，偷漏倍罚，岁以巨万计。山人独厘前敝，务从宽恤，罚锾悉录簿，一无所取。创农业学校、贫民习艺所。每就父老畴咨兴革，虽佐吏布衣皆与亢礼，必令反复详尽，务达其情。屏供张，绝苞苴，按劾不职，无所回忌，而省息讼狱，全宥尤众。

先是，按察公守温州，摄温处道，有惠政。山人又高名，士大夫想望风采。当初至时，老弱携观，衢巷填溢，咸惊其少。及见其施设，乃大说服，且相告曰："郭佛有孙矣。""郭佛"者，浙民向称按察公者也。州有郭公山，倚城临江，北俯孤屿，风景胜绝。旧有富览亭，按察公尝手题楹帖，岁久风坏，山人因补书之。道廨且园，竹树深翳，池馆幽靓，山人更加葺饰，筑披香榭，自为之记。暇辄招集文士酣嘛〔谦〕赋咏①，盖一时之盛也。

庚戌秋，擢署浙江提学使，弘奖实学，笃意造就，周历诸校，多所规正。又以寰海互输，物巧竞出，蚕丝为浙民本业，业疲民贫，宜启新硎，谋利用，乃创工业学校，讲授铁机织纺之术，浙江之有机织厂自此始。

辛亥春，回道任，浙江巡抚奏荐提法使，得旨："记名，会员阙当补。"枢臣致意索巨金，山人耻以贿进，不答，不果迁。是秋八月，调署巡警道，将行，而武昌变作，杭州乱，沿海惊震。护道知府某宵遁，群

---

① "嘛"当是误植，现据文意径改。

情惶骇，乘间聚噪府署，势汹汹。山人闻变，步行入府门，民望见，皆欢呼曰："郭公来，吾侪有赖矣！"山人乃从容晓告，遂散去。至今州人尤以此称之。议举都督，坚拒不可，委州事统领梅占魁。及去，吏民遮道，留稽旬日乃得行，送者至泣下。其得民盖如此。

清帝逊位诏下，畿辅扰攘，山人闻文安公第舍被劫，遂亟还京师，会崇陵永安礼成，山人侍父拜谒陵次，不胜哀感。既而徐公出持国政，以山人干用，久习旧事，强起典枢秘。而山人诎己持下，远避机权，遂依徐公相终始。时文安公充实录馆副总裁，兼修《德宗本纪》，留京师。山人侍父朝谒，岁时无间。清帝以山人大臣子，赡智蚤立，异顾眄，赏一品冠服，又赏福寿字、文绮珍物；营第成，赐扁额；年四十、五十，皆赐寿。

丁巳夏，张忠武公奉清帝复于位，甫三日，而马厂兵起。文安公召对归，忧心愁悴。山人在直庐，闻内监传太妃谕赐食，语甚哀，旁皇泣下。遂先诣忠武，极论利害，复间道走天津，谒徐公，合谋保全。事之得解，与有力焉。

甲子秋，京师军乱，清帝出宫，山人自念父子受恩厚，不容噤默，乃从文安公会诸旧臣，移书当轴，请尊重皇室优待条件。戊辰夏，裕陵、定东陵之变，清帝变服设位，朝夕祭奠，山人侍父奔赴，随班行礼。又会诸旧臣移书求盗主名，请置重典。是冬十一月文安公薨，山人哀毁，不出外户，已而清帝驰召，执礼固辞，旋赐御容御书，趣入谢，乃造膝密语，言当世失得，无不尽，尤惕惕于祸变，发言慷慨，至于流涕。故山人尝赋诗云："曾无挽日回天手，真见推心置腹时。"而语秘，不可得详也。

壬申春，清帝东幸，山人乃杜门自守，专思纂述。所著有《十朝诗乘》二十四卷、《清词玉屑》十二卷、《竹轩摭录》八卷，盖自比于遗山野史。《旧德述闻》六卷，《遁圃詹言》十卷，《洞灵小志》八卷、《续志》八卷，则述德牖世之言也。又著《骈体文钞》七卷，《诗集》十二卷、《续集》八卷，词七卷，号《龙顾山房集》。

山人天性孝友，襁褓失母，终身哀慕，事文安公及继母王夫人，务曲意承欢，构蛰园于京师城东，奉文安公，聚宾客觞咏其中。又筑别业西山，曰“亦云巢”，为娱游之适。谢事后营居天津，曰“栩楼”。当文安公在时，尝自署所居曰“匏庐”。山人既免丧，乃缮匏庐以奉祀事，每至京师，辄止于庐，展拜画象，若定省然。而蛰园具花木台榭之观，篇翰流传，照映当世，其名特著云。

赞曰：山人官已贵显矣，不称官而称“山人”者，从山人志也。宁海章左丞尝语余：山人生时，昆明张侍郎方督浙学，按察公慕其为人，遂名之曰“沄”；而吾台人则相贺，以为文达再世。天台灵淑之气，殆钟其一身邪？然则山人之所以自号者，岂偶然哉？同治间，伯祖太仆公与总督公同官淮南，交相善也。及余弱冠游京师，文安公则以宿学元老奖掖后进，幸获奉手几杖，而左丞尤亟称山人行谊，心识旧矣。今夏重来京师，山人会宾客蛰园，课诗读画，谭谳无虚日，余得尽读山人所为书，夜阑深语，每及身世艰屯、君亲背负，辄时时泣下。怀有所蕴而展转以致之，卒莫能尽其情，盖山人之志瘁矣。山人蚤达，备兵瓯栝，提学两浙，年未三十。倘遭际承平，外践方岳，内晋台阁，踵武文达，亦意中事。顾乃使其自托于萧寥寂寞之境，此世运之翻覆推移，固非人力所能为也。然余独羡夫山人能复其始而终继阮、张之迹，不负按察公锡名之义，而塞台人相贺之意。斯非独山人一门之佳话，抑亦吾乡志乘之辉光也。文达年登大耋、著述满家，则异日天贶山人以眉寿、名山之集，与岁俱积，必当重赋鹿鸣，如文达故事者。托慕末风，窃以叙德，自惟不敏，且将濡笔俟之矣。岁在著雍摄提格冬十月，瑞安孙宣撰。

哀启(郭则沄)[①]

不孝男可诜、可诠等,罪孽深重,不自陨灭,祸延显考啸麓府君,恸于中华民国三十六年一月八日卯时寿终平寓正寝,距生于前清光绪八年八月二十八日亥时,享寿六十五岁。不孝可诜、可诠闻电,匍匐奔丧,遵礼成服,叨在世谊、年谊、寅谊、学谊、友谊、戚谊,哀此讣闻。谨择于二月十六日成主领帖,二月十七日辰时发引。

继慈命称哀孤哀子郭可诜、可诚、可诠泣血稽颡

齐衰期服孙久祺、久禔、久禳、久禴泣稽颡

齐衰五月曾孙绍先泣稽颡

期服弟养刚、则济拭泪顿首

期服侄可詠、可誴、可謰、可诩拭泪顿首

功服侄孙久御拭泪顿首

护丧期服叔曾法、曾量拭泪顿首

---

① 录自《中华历史人物别传集》,线装书局2003年版,第85册,第400—401页。按:《哀启》前之讣闻,现仍其位置,不另标新题。又按:讣闻前原有影印郭则沄手书词稿:"插脚崩涡一幻身,龙天了了去来目,思量只是负君亲;算海劫残终见佛,移山力尽且输人,破空楼阁月无尘。　　但得相逢便有缘,酒杯深浅一般圆,人生难舍是从前;万感风花侵短枕,百年烟柳怨危栏,仙山回首五云间。

去日园林记梦痕,一寒恻恻罢芳樽,花前岂有未销魂;松色多情思款径,兰心终古悔当门,夕阳毕竟胜黄昏。　　向道观空未是空,三生悟澈晓来钟,蓬洲宫阙万芙蓉;检点心经参慧树,安排野史翳荒丛,灵山有约会相逢。　　小词四阕,留贻蛰园须社诸旧雨,永毋相忘。遁圃老迂则沄。"见《中华历史人物别传集》,第85册,第399页。

族繁不及备载

哀启者：

先严体素羸弱，五岁，先祖妣见背，居丧，哀毁至不胜衣。期年，继祖妣来归，爱护调养，体气始复。既出，就外傅，诵览群书，过目不忘，下笔辄惊老宿。先祖考钟爱特甚，都门文酒之会，恒携与俱。常咏元遗山野史亭律句有云："身历艰巇娴国故，老馀撰述答君亲。"陈丈苍虬于先严六十诞辰时，追溯书联，叹为"童年寄兴，即与毕生事业符合"者。庚子义和拳乱，先祖考以光禄卿直枢垣，命先严奉继王妣避兵太原，学使沈公邂逅途次，与语，惊为奇才。寻荐举经济特科，不就。壬寅，中式福建乡试。明年，成进士，改庶吉士。散馆，以第一人授编修。丁未，东海徐公总督东三省，辟佐幕府，优礼有加，章奏胥出一手。是冬，奉派办理延珲交涉。事之起端，肇于韩民越垦，渐乃强立"间岛"名称其区域，实吉林所辖之延吉也。勘查得实，据理抗议，卒以收复。会诏举人才，徐公首以先严名上列。回京，召对，特旨以道员用。戊申，外简温处兵备道。先是，先曾祖考久宦浙省，权知台郡日，郡有山曰"龙顾"，先祖考随侍宦游，征梦山灵而先严以生。至是，奉檄来浙，为之色喜，益锐意图治，兴教劝学，颂声翕然。庚戌，擢署浙江提学使。辛亥春，回道任，以提法使记名。秋八月，调署巡警道，未行，遽值鼎革。郡绅议举任都督，不许。僚属知先严志向所在，强掖登舟，避地沪滨，居恒引为终身憾事。时先祖考健在，留滞京津，重罹兵燹，箧笥荡然。次年，间关北上，屏营甘旨，而亲友食指内外数十人，戚鄙待以举火者数十家，坐是，日苦不给。会东海徐公出持国政，强起典枢要。阁揆萨公鼎铭、钱公干丞、靳公翼青交相延揽，倚为左右手，事无大小，诹而后行。而于第一次欧战参战之役主持最力，事竣，授勋章、勋位有差，联盟诸国咸礼赠勋章焉。先后任铨叙局局长、大总统府秘书长、帮办国务院秘书长、侨务局总裁，凡十年。洎徐公去大总统任，连章乞退，不待命下，即登车赴津，年甫四十也。自是，绝口不谈政事，惟与二三耆旧招集吟社，谋所以娱亲。于故都营拓蛰园，于津沽建栩楼，宾朋迭相唱和，称盛一时。迨至国都南迁，是冬，先祖考弃养，越二年，继祖妣下世，居忧哀慕，屏绝音韵文字者五年。更致力搜刊先世遗稿，广辑清代词林掌故，为日课。现已梓行者，曰《十朝诗乘》《清词玉屑》《旧德述闻》《遁圃詹言》《竹轩摭录》。旁及齐谐志怪之寓言，演为稗官小说，成有《洞灵小志》《红楼真梦》诸编，于因果循环之理、祸福荣悴之观，讽世劝善，谆谆致意。顾频年迭遭大故，每一涉笔，家国悲怆之怀不能自已。夙患胃疾，至是时发时愈，饮食锐减，体力始寖寖衰矣。丁丑秋，芦沟桥事变突起，南北道沮，眷念先垄，欲归未得。故都景山有宅一区，先严曾拓为宗祠，祀先代栗主，目怵胡骑纵横，虑及祠宇，因偕继慈自津来居，守奉香火。居常作书习画，谈艺论文，奖掖后进，拾绝学之坠绪；暇则遍游古刹野寺，与黄冠缁流谈谐竟日，间以避嚣。维时留侍在侧，仅适沈氏妹可诱及可诚孀妇、长侄久祺。先严痛可诚之早夭，故于诸孙中尤爱怜久祺，不令远去；不孝可诜、可诠，则先后赴内地；适陈氏妹可谱，亦相继去渝。每愀然生离之戚，冥默寡欢，然不禁沮也。乙酉秋，河山光复，先严欣慰赋诗，有“绝裾嗟太恝，尔辈志终酬”之句。嗣睹东北锋镝弥漫，波谲云诡，祸变且不可测，而龙髯马角之思，幽忧隐痛，皇皇不能宁处，遂触犯旧疾，支离憔悴，现于容色。日甚一日，自知不起。举凡生平所作诗文类稿，以及身后墓志、碑传、附身之具，殡殓讣告仪式，区画綦详。又手制挽章云：“其人系斯文未尽之传，庶民去之，君子存之，大节讵忍言，忠孝皆馀隐疚；所处极千古难堪之境，造次于是，颠沛于是，横流能自拔，始终无改初衷。”盖隐然祝宗祈死之心焉。痛哉！先严一生无嗜好，自少迄老，惟耽书籍文字如性命，终岁伏案，往往忘寝食，遂患胃疾，痛作辄饵胃活瀹解，稍宁，复钞书不辍，顾舍此一日不乐也。平居谙悉药性，与萧丈龙友友善，偶有不适，率延诊处方，一药即瘥。比年愤郁所积，时作剧痛而烦躁特甚，苦药剂不能速瘳，则遍求按摩、针灸之术，终不见效，精神愈益疲敝。今春，侯丈疑始、刘丈仲迈自渝北来，察知先严病情，为口授马迦活佛密传养生导引诸谛，时相过从，谈究禅理，至夜分不倦，以为观空离垢，心境可稍稍舒矣。乃延至秋分，两足忽呈浮肿，大便下黑色淤块。亲友佥劝延西医检查，因就法国医院培琅德院长诊视，断为胃溃疡症，然已结痂无害，惟心脏扩大殊不易疗，住院七日而归。九月下旬，值先严诞辰，不孝可诜、可诠、适陈氏妹可谮均自远道归省，并自美洲觅得疗胃病特效药。服药后，须尽屏诸饮馔二十日，以流质滋养剂代替饮食。按方试服，胃痛果愈，体重亦日增。时不孝可诠新举一男，先严字之曰“久禳”，以寓祛解之义。揽揆之辰，亲朋放鸽为寿，并自为诗张之，裒集近作，署曰“万春”，意颇怡悦。孰意服药届痊之际，突患呕吐，胸次作梗，自是屏药弗进。入冬，畏寒特甚，重裘不温，言语艰涩，夜寝不片时即起小坐，坐辄呈昏睡状。然手录诗稿、日记，仍不少辍。旧腊十二日，犹外出赴友人宴饮，归即感患寒热，延培医诊方，旋告平复。次夕就寝时，自坐榻起支，忽觉头眩，汗出，家人以为触犯炉火煤气所致，亟进药饮，一呷即宁。而次夕复然。萧丈龙友来诊，谓六脉已呈险象，更延培医进药针，亦感束手。十七日黎明，呼吸短促，唤家人起，并召久祺至榻前。继慈手进参汤，犹勉强下咽，举目微瞩，神明湛然，竟弃不孝等而长逝矣！天乎痛哉！不孝等侍奉无状，构罹鞠凶，频年奔走四方，不克负荷承志，呼天抢地，百身莫赎。惟是先严毕生志愿所蕴，郁郁莫宣，沧桑隐恨，实为致疾之由。谨遵遗命，恭录瑞安孙丈公达所撰生传，代事略焉。苫块昏迷，语无伦次，伏乞矜鉴。

棘人郭可诜、可诚、可诠泣血稽颡

清故诰授光禄大夫头品顶戴赏戴花翎署浙江提学使司提学使侯官郭公墓志铭[①]

刘承幹

公讳则沄，字啸麓，号蛰云，湖广总督讳柏荫之曾孙，浙江按察使讳式昌之孙，典礼院掌院学士、太子太保、谥“文安”、讳曾炘之冢子也。郭故鼎族，系出汾阳，有唐末造，支分于闽，爰暨明季，著籍侯官，蝉嫣门绪，世无圹僚。公胚胎前光，湔祓儒素，光绪壬寅举于乡，癸卯成进士，入翰林，授职编修，简浙江温处兵备道，擢提学使。丁巳直议政处，授内阁叙官局长，不拜。生丁叔季，学有本原，守经足以通权，明体期于达用。光绪中叶，锐意变法，岁选朝士，游学东瀛，昧者肤受，罔知程幅。辨章得失，镕冶新故，翕受慎思，逌然独远。东海徐公，总制辽左，高选纲佐，诧为俊器，緻裾盛府，平揖元僚，总辔清途，叠膺特表，顾和有令仆之才，满宠胜方任之寄，逴荦岁路，众望归高焉。按察公治浙日久，遗爱在人，菩提之号，遍于万家，庞褫之征，被及再世。迨公绳武，持节瓯括，黎献欢忻，走相告曰：“是郭佛孙也。”

---

① 此据《郭则沄墓志》拓片整理而成，图版见于平编辑《中国历代墓志选编》，天津古籍出版社 2005 年版，第 10 册，第 188 页。按：墓志首题“赐进士及第翰林院编修德清俞陛云篆盖，诰授荣禄大夫头品顶戴赏戴花翎内务卿加三级吴兴刘承幹撰文，学部侍郎蕲水陈曾寿书丹”，此略。又，《中国历代墓志选编》另收录墓盖之图版，下有说明：“民国 35 年（公元 1946 年）12 月 17 日卒，北京市海淀区出土。志长、宽均 79 厘米，盖长、宽均 69 厘米。”按：此处误，郭则沄卒于旧历丙戌十二月十七日，公历为 1947 年 1 月 8 日。

甘棠茇舍，油然去思，歧麦讴歌，遭其来暮。其为政也，廉静足以任俗，开敏足以健职，赡举足以应实，斡剧足以擿奸。法立于摧会，而商无废居；教劭于农桑，而民无逋事。颂系息于囹圄，馀粮栖于畎亩。先后在温若干年，循声巨政，绰居尤最，叙钦陈臬，屡绾军符，申命用休，一权学政。靖萑苻以司虣，蔚棫朴以作人。轩机化俗，衣被群生；黉舍劝工，陶甄庶汇。才既恢办，性尤儒雅。览图经而考文，驱輶轩而济胜。章逢之彦，聆风而猋兴；方雅之伦，望表而景赴。浙人谓："自昆明张侍郎、仪征阮文达后，风雅之宗，一人而已。"辛亥改玉，投绂去官，宁亲京师，萧然衣栉。于时文安公春秋高矣，遗山修史，隐轸君恩，韦孟争王，垂为庭诰。公循陔馨膳，却轨遗荣，赓戒养之诗，有终焉之志。文安公愀然曰："此非汝絜身自退时也。天道周星，物极必反，出处之道虽殊，靖献之途不一，毋傲从康，盍各求志?"会徐公再秉国钧，强起出典枢密。周旋宾佐，隐避机权，独居深念，颠沛弗渝。丁巳复辟之役，甲子移宫之变，奔走兵间，绸缪端右，造啧室而陈谟，赴行朝而纳荩。金銮天上，密记难详；玉碗人间，号呼罔极。凛昊天之靡谌，哀高邱之无女。迨六龙东驾，忾叹鲂鱼；八骏西行，仓皇猿鹤。公遂腐心君国，杜口世事，祝宗祈死，达者识其幽思，鲜民告哀孑焉，遂其初服。盖仕非为荣，故不牵于位；和而能介，故不偲于时。公之悱恻殉志，亦其所以侘傺伤生也欤。岁在丙戌，贞疾不斟，密草遗疏，预治凶具，嘉平丁亥，奄从怛化，享年六十有五。遗命留葬香山亦云巢。首丘之志，未果于颓年；恋阙之忱，犹悬于冥漠。人间何世，哀可知矣。公风采瓌润，智量渊明，内笃伦纪，外厚交游，资华峥门，扬蕤名级，早达冠于群伦，眄遇隆于终始。自崇陵奉安，暨大婚、万寿诸庆典，咸与班联，渥蒙徽赐。官未跻三事，而敕骑禁城；年甫及四旬，而锡畴皇极。"世孅"颜堂，纪异数也。生平劬于著述，优于词翰。掌录舌学，综贯及乎九流；墨炙笔针，刊定逮乎百氏。所著有《十朝诗乘》《清词玉屑》《竹轩摭录》《旧德述闻》《遁圃詹言》《庚子诗鉴》《龙顾山房集》七种，为九十七卷，藏于家。晚岁尝慨人纪之沦丧、古学之就湮，历掌书院，宏奖士流。龙门表望，津寄仰为山渊；鹿洞教条，寒畯资其膏火。益斥家钱，日营雕椠，仿通志之成例，缵诒经之坠绪，汇刊儒先遗著为《敬跻堂丛书》。复以昭代右文迈越往古，思综十朝治忽之迹，勒成一代政治之史。定名为鉴，仿温国之编年；踵例成书，纂临江之会要。创稿未几，以疾中辍。会昌一品之集，未竟其生平；陈留十志之编，仅存其义例。是可伤矣！于是，门人杨秀先等纠合生徒，永怀悼叹，相与骀印景行，论次茂实，谥曰"文敏先生"。陈太邱文为德表，张世渊敏于学业，同揆前修，昭兹来许，斯可谓存诲殄号枕祐终荣者焉。公元妃王氏，江苏候补知县鸿喆公女，生子可诜。继室俞氏，赐进士及第翰林院编修陛云公长女，生子可诚、可诠，可诚先公卒；女可谱，适奉化陈舜畊；可诗，适同邑沈祖修。孙久祺、久禔、久禳。可诜等衔恤在疚，悼心同栾，念玄宅之既奠，惧阴堂之无征，既练时日，来督幽铭。词曰：

阊阳阏辉，藏舟斯远，纮覆棐忱，噫醷孰款。觥觥明德，蠢迪检押，纯终领闻，诞受羑若。爰自初绅，束身偁轨，克恭克孝，粲粲门子。内历承明，外践监司，文昭武达，义柑仁规。民无柯献，士兴庠校，瓯越五载，奄丁末造。匪遑时荣，与世委蛇，服休服采，不磷不缁。惇宗将礼，伻向有僚，缵戎彝训，奉魁承杓。倾窹灵修，义通忧辱，造辟纳忠，道在屯剥。晞发高歌，汐社之跱，天遗地孑，饰巾待期。公之文章，骖靳杨马；公之志事，矜服墨者。微昀之初，天方荐瘥；解伢之岁，国眚人痾。生同阮亭，寿齐季野，邕芳旁布，愠怆安雅。生顺没宁，灭彩还机，鑱词劆颂，如何勿思。

清故诰授光禄大夫头品顶戴赏戴花翎署浙江提学使司提学使侯官郭公墓表[①]

许钟璐

公讳则沄，字啸麓，号蛰云，福建侯官人。其先世唐汾阳忠武王，咸通中，支祖讳嵩者，避黄巢之乱，始入闽。曾祖柏荫公，在咸同间，以翰林历抚吴、楚，总制两湖。祖式昌公，以孝廉仕至浙江按察使，有惠政，人称为“郭佛”。考曾炘公，以翰林久直枢廷，历官典礼院掌院学士、太子太保，谥“文安”。有丈夫子三，公其长也。公成癸卯科进士，翰林院庶吉士，散馆，授编修，出佐东三省总督幕，特保人才，简任浙江温处兵备道，赏二品衔花翎，署浙江提学使。

武昌变起，公在温处道任内，时杭州乱，各郡惊扰，公素为部民悦服，被缨定变，辖境以安。旋朝廷逊位诏下，乃挂冠北上，温民遮道攀留，公不可，遂如京师，省文安公，且商归田之计。文安公曰：“国体虽变，天下事未可知，汝年尚可为，当忍辱负重，以匡王室，此狄梁公所以策唐也。”公受命，退谒东海徐公，授以显列，不拜，为长秘书，得于簿书中尽知天下情变，每就商大计，辄移日晷。至丁巳复辟，召公直议政处，寻赐头品顶戴，阶光禄大夫。然公深感仓卒举事，速之适以厄之，不旬日，事竟败。既见时事日纷，知艰于有为，居常郁郁。迨法驾狩天津，公亦引身以退，然近朝行在，远谒诸陵，犹以君恩亲命终无

---

① 此据卞孝萱、唐文权编《辛亥人物碑传集》，团结出版社 1991 年版，第 783—784 页。

以报，引为遗恨。未几，丁文安公忧，遂杜门不闻时事。逮山陵之变，与遁荒于远隅，皆会南朔耆旧，驰书当轴，力事营护，其始终厥志如此。

公博学能文，虽颠沛忧危之际，未尝朝夕废文字。在天津结“冰社”“须社”“俦社”，在旧都结“钵社”“律社”，与一时硕彦耆儒商量旧学，皆推公为祭酒。尤以立诚、持毅、守约、居仁、行恕、主敬、知耻之学，身体而力行之，兼以课士。平生著述凡数十种，其梓行者《十朝诗乘》《清词玉屑》《竹轩摭录》《庚子诗鉴》《遁圃詹言》《龙顾山房诗集·骈体文钞·词钞》《洞灵小志》。呜呼！公抱忠孝之忱，怀匡复之志，欲违天逆运，竭其所能，以成非常之业，虽递遭世变，所志蹉跎，犹复坚守初衷，百折而不变，荣辱不足撄其心，菀枯不能移其操，积忧饮愤，卒丧其生。徒以著书立说，衍斯文一脉之传，则其所行者为至难，而所遭者为至厄已。

公生于光绪壬午年八月二十八日，卒于丙戌年十二月十七日，年六十有五。门人上私谥曰“文敏”。葬于宛平香山普安店之亦云巢。子三：长可诜；次可诚，先公卒；少可诠。女二：长适陈，次适沈。孙三：久祺、久禔、久禳。封树既竣，谨举公之遗行荦荦大者，表之于石，俾后之过斯阡者，有以识公之生平云。

郭则沄传略[①]

郭久祺

生平事迹

一

先祖父郭则沄(1882—1947)[②],字蛰云,又字养云、养洪,号啸麓,别号孑厂(音安)[③]。福建闽侯(今福州市)人。是郭曾炘(春榆)先生的长子。光绪八年壬午(1882),生于浙江省台州龙顾山试院。因此晚年自号为“龙顾山人”。

1884年,3岁时,随母亲(王氏夫人)航海北上(因父亲春榆公在北京任职)。6岁,丧母。9岁时开始学作诗。1897年,16岁时,娶夫人王氏。冬季,以第一名考入国子监。1898年,入通艺学堂学习英文、算学。冬季,因戊戌政变发生,通艺学堂停办,入会文学堂学习。不久,考入京师大学堂。1900年,义和团运动兴起。啸麓公辍学。不久,义和团入北京,啸麓公南归,经湖北乘船沿江而下上海,经苏州入浙。

---

① 原载中国人民政治协商会议北京市委员会文史资料委员会编《北京文史资料》第57辑,北京出版社1998年版,第136—154页。按:作者郭久祺,为郭则沄长孙,1952年北京大学历史系毕业,80年代曾任北京教育学院朝阳分院高级教师,已退休。又按:原文配有插图三帧,一为“郭则沄画像(手持砚台)”,一为“郭则沄致周作人却聘书(1942年发表于《国学丛刊》)”,一为“郭则沄和家人摄于颐和园”之合影,此处略去。

② 原文误将郭则沄卒年标为“1946”,现由整理者径改。

③ “(音安)”为作者郭久祺原注,此处仍旧。此下同此处理,不另说明。

光绪二十七年(1901),啸麓公20岁,举“经济特科”,考语是“天性孝友,才气无双”。秋季,回闽侯,应童子试,以第二名补博士弟子员,入郡庠。光绪二十八年(1902),参加乡试,考中举人。光绪二十九年(1903),赴开封应礼部试(因《辛丑条约》北京停考),中进士。随即航海入京,在保和殿复试,列一等第7名;殿试列二甲第31名;朝考,列一等第19名。点翰林后,任翰林院庶吉士。冬季,从秦皇岛航海南下,到衢州。光绪三十年(1904),入教习进士馆学习法政。以馆课第一,任武英殿协修。不久,又任编书处协修,参与编著《各国政艺通考》,这部书共775卷,内容包括各国农学、化学、法律、官制、地理、学校、兵政、财政、历史等,对于当时中国学习西方各国的制度与科技,进行改革,有一定意义。光绪三十一年(1905),夫人王氏在北京逝世。

光绪三十二年(1906),啸麓公25岁,由翰林院送入陆军贵胄学堂。冬季,在进士馆毕业,名列前茅。光绪三十三年(1907),引见于勤政殿。学部派往日本留学,7月出发,经神户到东京,观察日本的衙署、学校、图书馆、工厂以及邮电、警政等事业,并且入早稻田大学听讲。在日本时期著有《瀛海采风记》二卷。不久,徐世昌任东三省总督,电聘啸麓公入幕,啸麓公被调回国。在日本时期和归国船上,描写在日见闻,作《江户竹枝词》百首(江户即东京旧名)。很可惜,《江户竹枝词》后来仅有10首编入诗集,其余90首和《瀛海采风记》都没有保存下来。回国后,经苏州、北京到辽东,徐世昌聘啸麓公为二等秘书官,为徐掌管机密文电,兼治奏草。

二

20世纪初期,日本帝国主义者在中朝边境制造所谓“间岛”问题。按中朝边境东段自康熙时划定,以图们江为界,江中有一条沙洲,在中国一侧,一向是中国领土。从同治八年(1869)起,朝鲜大批饥民渡江到此处垦荒,清政府就地安置,朝民向清政府交纳租银。光绪七年(1881)朝民又在江北岸掘一条水沟,以后日本与朝鲜人都称此沟与图们江主航道之间的中国领土为“间岛”。日俄战争后,1905年,朝鲜沦为日本的“保护国”,日本帝国主义者竟无理宣称间岛是“独立国”,并把我国吉林省的延吉、汪清、和龙、珲春诸县都算作间岛的范围。光绪三十三年(1907),日本公使又提出间岛是“韩国领土”,妄图侵占。由于边务吃紧,清政府和东三省总督徐世昌急欲找一位有政治、军事才能的人才来办理边务,抵制日本侵略者。啸麓公向徐世昌推荐了吴禄贞。啸麓公与谭延闿是癸卯(1903)同年,在清末住在北京贾家胡同时,时相过从,通过谭延闿的介绍,认识了吴禄贞,吴也会作诗词,又都有爱国思想,遂成为诗友。所以到这时啸麓公就提出吴禄贞可以当此重任。

1907年夏季,徐世昌即派吴禄贞带领人员“调查吉林界务”。吴禄贞等不辞劳苦,跋涉山川,并广泛查阅中、日、西方国家各种地图和资料,于1908年编写成《调查延吉边务报告书》,附有地图和表,也做了军事准备。然后依据这些资料,与日本侵略头目斋藤季治郎大佐谈判,据理力争,经过多次唇枪舌战,在1909年终于取得胜利,迫使日本侵略者承认图们江是中、朝国界,所谓“间岛”地区是中国的领土。这段调查研究与谈判的大部分时间,啸麓公在徐世昌幕中当秘书,支持协助吴禄贞等胜利完成了这次保卫国土的斗争,遏制了日本的侵略阴谋。

光绪三十四年(1908)夏历四月,啸麓公到苏州迎娶夫人俞氏。即先祖母俞珽,字佩瑗,浙江德清人,是清代著名学者俞樾(曲园)先生的曾孙女,当代文学家俞平伯先生之姊。数十年间,伉俪甚笃。先祖母也擅长诗、词、琴、棋、书法,一生所写诗词不少,但不保存,不编集。在先祖母仙逝后,先伯父郭可诜(学群)等整理先祖母书桌抽斗中的手稿,选定百余首确系先祖母所作的诗词(包括几首回文诗词),编为《临漪馆诗稿》及《临漪馆词稿》,附于先祖父《龙顾山房诗赘集》之后印出,并非全豹。先祖母晚年自号“湛持居士”。

同年五月，啸麓公与夫人回北京。七月，又赴辽沈。

光绪三十四年(1908)夏历十月，光绪、慈禧相继病逝。溥仪继位，载沣以摄政王名义监国。任命啸麓公为浙江省温处道道台。徐世昌当时曾尽力争取让啸麓公任呼伦道道台，未能实现，致书与啸麓公，书信中说："君才如天马行空，恨不得共支边局耳！"只好以"专理珲延边务、一时难得替人"为理由，奏请让啸麓公暂缓赴任。

宣统元年(1909)，啸麓公28岁，因叙"延吉边务"之功，升为奉天省二等秘书官。同年，啸麓公参与编著的《各国政艺通考》成书，赏二品衔。这年夏季，调任温处道道台兼瓯海关监督，南下到温州就任。在任温处道期间，整顿警政，规划海塘，创办了农业学堂、贫民习艺所和一些中小学校。贫民习艺所内设竹工、机织两科，所生产的竹席、绸光布，远近争购。按清朝旧习惯，海关缉获走私商货，名为"充公"，实际多入海关监督的私囊；啸麓公任瓯海关监督不肯化公为私，下令把没收的走私商货都标卖，以卖得的款充各学堂的经费。又，瓯海关的税款，过去均由海关监督分存于各银号，往往据为己有；啸麓公筹设大清户部分行，海关税均储存其中。

宣统二年(1910)，温处地区发生过两次较严重的事件。一件是：有一小官员到农村查禁种鸦片，遇苗即拔，为农民所杀，县官准备滥捕一些人塞责。啸麓公把县官撤职，令符某前往，缉凶定案，避免了殃及无辜。又一件是：一些郡县发生饥荒，人民群众劫走了审判厅某推事。啸麓公力主从轻处理，平息了这一事件。

1910年秋季，啸麓公代理浙江提学使。在提学使任期内，创设了机织工业学堂。此学堂培养的毕业生，以后创立了纬成、绮霞等公司，对于我国民族工业的发展，颇有促进作用。后来，北洋政府追念啸麓公首创机织学堂之功，赠"一等宝光章"。

1910年末，啸麓公交卸了浙江提学使职务，回返温州，仍任温处道，兼辖海防局。自出费用增设巡船二艘。此时温处镇总兵何祥麟逝世，也由啸麓公暂代。啸麓公又捐献俸禄，兴办一所法政学堂。

宣统三年(1911),辛亥革命爆发。11 月 4 日,浙江杭州光复。浙省各城在几天内相继光复。温州一带革命者召集士绅、官员、知识界、商会人士在温州师范学堂礼堂开会,讨论光复问题。啸麓公与其他官员被邀公开表态。据梅冷生《温州光复概述》:"郭则沄以其父郭曾炘现任清廷礼部右侍郎,若参与独立,恐与其父有碍。"张云雷《温州光复会议前后》则说:"郭则沄讲话很客气,说自己是清朝官吏,不便做民国的官吏,现在我向大众表示离职,离开温州。我的一切职务,均交代温州中学校长和师范学校校长主持。并且对梅占魁(原陆师巡防统领,当时表示率部参加革命)吩咐,地方上一切治安问题,由他全力负责,要以人民的性命财产为重。"(均载于《辛亥革命回忆录》第八集)啸麓公随即乘船走上海。临行前把在温处道道台任上实行新政的有关文献资料汇编成的《瓯东尘牍》(未刊印),还有辛亥以前写的诗四卷,及所著《瓯江去思录》《金台录别集》,都烧掉了!到上海后,开始编著《十朝诗乘》(详后)。

三

北洋政府时期,1912 年,啸麓公到北京,任秘书省秘书。1914 年,任机要局帮办,并任参议。不久,又任政事堂礼制馆提调。同年秋季,调任铨叙局局长,亲手写定一部《铨政纲要》,关于官员们的升降任免,如考试、保举甄用、轮补、考绩、升调、内外互转等制度,规定甚为详明。

当时赵次山任清史馆馆长。1915 年,啸麓公写了一篇长文,对赵次山领导编纂清史的方法提出不少中肯的批评和建议,例如:不必要求馆员每日到馆上班;应先定体例;"修史不当专据官书,凡诸家著述之有关史料者,皆当悉力搜访,博采而慎择之;各志尤当访求专门人才,精心订正,不宜因陋就简"等等。赵次山看了很恼火,未接受。(见自编《龙顾山人年谱》)

此时袁世凯已在酝酿称帝,啸麓公不同意,写了一份说帖,告诫袁世凯不可称帝，主要提出：“一、皇室不易处也；二、蒙藏不易驯也；三、西南诸省难合而易离也；四、外交变幻不可不虑也；末又推论古今易代事，而归结于人心之不易制。”袁世凯虚伪地批了“深有见地”四字。不久，袁世凯的帝制活动加紧进行，啸麓公自动离职，并辞去礼制馆提调。（见自编年谱）

1918年，徐世昌任总统。啸麓公任国务院秘书长，并参与徐世昌幕府工作。向徐世昌建议军民分治，徐当然做不到。外交方面，当时北洋政府已参加了第一次世界大战，协约国方面胜利，中国名义上成为战胜国之一。啸麓公向徐世昌建议：乘此机会与各国政府改订条约，恢复一切主权。徐当然也做不到。

1921—1922年华盛顿会议期间，啸麓公与徐世昌共同支持外交总长颜惠庆（与啸麓公也是好友）争回了一部分主权。

1918年，北京设立经济调查会，啸麓公任领导职务。举行经济会议，出版《经济月刊》，购买有关战后世界经济的书报，并派员赴日本和欧美各国进行实地调查。不久，经济调查会改名为经济调查局，啸麓公任副总裁。1920年，因故辞去副总裁职务。

1921年，啸麓公40岁。因奉系张作霖、直系曹锟等两派交争，徐世昌地位不稳，啸麓公辞秘书长职，改任侨务局总裁。1922年初，啸麓公建议：设立侨业银行和华侨补习学校；宣布鼓励华侨商人投资实业，国家以实力保护之，而决不取求于侨商。

1922年春，第一次直奉战争爆发，直系获胜。徐世昌被迫去职。啸麓公即辞去侨务局总裁职务，从此脱离宦海，隐居天津、北京家中。著书讲学，吟诗作赋，写字绘画，不时寻访古迹名胜，游览山水，观赏花木，寻购图书文物；也常与文化界一些老友同年相往来，组成诗社、词社，一同作诗、填词。

壬申年夏历十一月廿七日（1932年12月24日），啸麓公在日记中写了一首当时作的诗：

闻榆关有警

神京定鼎因形胜，江左崎岖但画畿；
事去金城空设险，寇深铁骑若乘飞！
蛟龙水浊犹能击，燕雀堂高讵可依！
欲赋《东山》馀涕泪，何年果见汶田归？

这首试显然是痛恨日本帝国主义者侵占我国东北诸省并侵犯山海关一带，斥责蒋政府放弃东北也不保卫华北，只想退守江南；感叹不知到哪一年中国才能收复失地。

四

1937年，啸麓公同一些老友同年们在北京北海团城组织了北京古学院，啸麓公被推为副院长。这是一个私人集款兴办的纯学术团体，其宗旨是“访求古籍，砥课后进”。其主要活动是研究经、史、诗、词等，搜购并刊印一些有价值而罕见的古书，也编印一些文史刊物。曾计划编著《清鉴》和《清会要》，惜未编成。也办一些关于中国传统文化的研究班，给一些青年知识分子讲授文史知识。如当代文物专家史树青先生即曾在此听讲。学员中有一位名叫管荣芸，文才出众，啸麓公极为赏识。管不幸被日本侵略者逮捕，在狱中受到残酷的折磨；啸麓公和友人们极力营救，保释出狱后，不久即病逝！啸麓公非常悲恸，出资帮助安葬，并刻印了他的诗集。还写了两首五言诗，题为《哀管生》，其中有两句是“蝮蛇元善螫，猘犬果何仇”，把日本侵略者斥为“蝮蛇、猘犬”。

北京古学院所搜集校印的文史书籍颇多。现已查知至少有以下两套丛书(共包括12部书)：一部丛书是《敬跻堂经解》(敬跻堂是团城上北部的一座厅堂)，包括四部书，列表如下：

书　名	作者	刻印年月
《四书》拾义	胡绍勋	辛巳(1941)孟秋(七月)
《仪礼》古今文疏证	宋世荦	民国30年(1941)孟秋
《周礼》故书疏证	宋世荦	民国30年孟秋
《诗经》广诂	徐　璈	民国30年8月

另一部丛书是《敬跻堂丛书》,包括八部书,列表如下:

书　名	作者	刻印年代	保存、提供者	校勘者	说明
东塾杂俎	陈　澧	1943	陈公穆	陈公穆 周肇祥	手稿
经学博采录	桂文灿	1943	黄君纬	姜忠奎	遗稿
周官证古	桂文灿	1943	黄君纬	姜忠奎	遗稿
《韩诗外传》校议	许　瀚	1943		王　某	刻成后毁于火 仅存样本
《大戴礼记》斠补	孙诒让	1944	姜忠奎	姜忠奎	石印本 罕见
《毛诗注疏》考异	谢章铤			郭啸麓	手稿
菰中随笔	顾炎武	1945	傅增湘	郭啸麓 傅治芗 周肇祥	别本 传抄本
《元朝秘史》补注	沈曾植	1945	龙榆生	张尔田	手稿

以上各书,大都是从朋友处找到的,或是手稿,或是抄本,或是火焚后仅存的孤本,或是与坊间刻本大不相同的别本,或是虽有刊本但已罕见。而且都是经过考虑研究确有较高的学术价值的,其作者大都是杰出的学者,并且进行了认真的校勘。

如《菰中随笔》,系明末清初大学者顾炎武(亭林)的遗著。有两种本子，内容大不相同：一是孔氏玉虹楼刊本，一册不分卷；另一种是传抄三卷本，从未刻印过。啸麓公从好友傅增湘先生（字沅叔，号藏园。著名学者和藏书家）处借到三卷本，倡议将两种本子合刻，由啸麓公校勘第一遍，又请傅治芗校第二遍，周肇祥校勘第三遍，写了不少校记，才刻印出版。解放后，史学史大师张舜徽先生在其所著《清代笔记考辨》中写道："《菰中随笔》刻本有二：其刻于曲阜孔氏玉虹楼、前有何焯一序者，乃不分卷本，凡收入《亭林遗书》及《海山仙馆丛书》者，皆是本也。别有三卷本，乾隆时崑山黄氏尝钞藏之，并跋其尾。咸丰中，归曲阜孔氏。而道州何氏、汉阳叶氏并录副别本。近世江安傅氏（指傅增湘）亦有藏本。1945 年，侯官郭则沄取以刊入《敬跻堂丛书》，流布始广。二本内容极不相同：不分卷本以考古为宗；三卷本则所录较广，举凡游踪所至，于当地民风土俗，吏治民瘼，以及治学立身之方，养生涉世之道，言之尤兢兢。故二本所载虽异，要以此三卷本裨益后世为大云。"

《大戴礼记》是研究中国古代社会情况、文物制度和儒家学说的重要书籍之一。清代有十几位学者校注此书，以孙诒让（清末研究经学、古代礼制、古文字学、古历法的著名学者）《〈大戴礼记〉斠补》为最精审，"识误匡违，多有创获、发明"。啸麓公的好友姜忠奎先生精研古代礼制，曾著《〈大戴礼记〉训纂》，他存有孙诒让《〈大戴礼记〉斠补》石印本，坊间罕见。啸麓公见到后，即请姜忠奎校勘，刻印出版。

《东塾杂俎》是清代陈兰甫先生遗著未刊稿本。陈兰甫为"岭海通儒"，此书是他读书论学和考证研究的笔记，很有学术价值。啸麓公从陈兰甫的后人陈公穆先生借到此稿，即请陈公穆、周肇祥校勘整理刻印。

桂文灿先生是陈兰甫先生的入室弟子，"殚究群经，著述凡三十余种"。啸麓公在好友黄君纬先生处见到桂氏遗稿多种，其中包括《经学博采录》和《周官证古》，很有价值，即请姜忠奎校勘刻印。据啸麓公所撰《经学博采录》序中说：即将付印时，"会王欣夫同年主辑《辛巳丛编》采及是书，先印成见寄……及取以互校，则兹编条举增多于《辛巳丛编》本者，凡二十有一，其卷二自首至末皆彼本所无，馀虽并见，而兹之所载，时复增详，疑此为最后写定者，其间舛脱互异，则取两本衡校，择其善者从之，而复令手民刊正焉”。

许瀚先生是清道光时学者，生平博究经史，尤精于小学（文字学），逝世后，门人辑其遗稿，编为《攀古小庐杂著》12卷，刻成后，毁于火灾，仅存样本，《〈韩诗外传〉校议》即其中一种。啸麓公即据此样本请人校勘刻印，才将此孤本书籍保存下来。

《毛诗注疏考异》，是清末浙江经学大师谢章铤著。啸麓公访得此书手稿四册，为之校勘。同年好友方兆鳌（策六）先生又从谢先生遗集中找到他的《自序》，一并刊印成书。啸麓公在《谢枚如〈毛诗注疏考异〉序》中说：此书能“阐发精微，发前人所未发”，“其考订之精识，津逮之苦心，奚可没哉！”

《元朝秘史》，也称《蒙古秘史》，是我国蒙古族最早用蒙文写成的珍贵的历史文献，又是精彩的文学著作，记述蒙族起源、成吉思汗的先世、成吉思汗与窝阔台汗时代的事迹。作者不知是谁。据学者们考证推测，当成书于1252年，即13世纪中叶。内容涉及经济、政治、军事、文化。已译成几国文字，各国学者研究此书的很不少，称为“秘史学”。啸麓公在《〈元朝秘史〉补注》序中说：《元朝秘史》“初未有注，始注于芍农李氏。芍农治方舆者也，故其注详于地理而略于史事。沈乙盦丈（即沈曾植）以为未足，乃复有《补注》之作，考订详审，有芍农所未及者。余耳其名久矣，惜未之见。比乃知其手稿存龙君榆生许，余方佐古学院搜刊名著，乃从其借录，付诸丛刻；校订之者，张孟劬尔田也。……独痛孟劬前数月蜕去，而不及观厥成也。”

综上所述，可知此丛书所选刻，都是很有价值的学术著作，或是古代经史的校注、考证，或是史学名著的较好的新注，或是杰出学者的笔记。而且大多是手稿、抄本、孤本，至少也是罕见的书；并且都经过一位、两位或三位学者的认真校勘。

1984 年，杭州大学雪克先生标点校勘了孙诒让《〈大戴礼记〉斠补》，由齐鲁书社于 1988 年出版。1985 年，北京中国书店重印了《敬跻堂丛书》与《敬跻堂经解》，系用原刻版重印；其中《菰中随笔》合刊本因原刻木版已失，未能重印，只印了其余各书（见雷梦水《书林散叶》，载于《燕都》1989 年第 6 期）。这些事实，充分说明当年啸麓公和朋友们编辑校印的这两套丛书确有价值。

古学院的吴廷燮先生（也是啸麓公好友）和不少位文士，在抗日战争时期还参加编著《北京市志稿》，吴廷燮任主编。此书于 1940 年完稿，详述北京市的地理、历史、建置沿革、民政、财政、文教、礼俗、宗教、经济、金石、名胜古迹、艺文、人物、选举、职官等，共数十册，保存了很多宝贵资料。多年来仅存原稿孤本，80 年代，北京市社会科学院的学者们开始校勘标点整理，分多册陆续出版。

五

沦陷时期，啸麓公一直在北平，一些汉奸文人曾几次想拉他下水，啸麓公都严词拒绝。

1938 年，华北汉奸王揖唐请啸麓公出任“秘书长”，啸麓公拒绝。

1940 年，王揖唐趁古学院缺乏经费的机会，将古学院接管，改组为“国学书院第一院”，另在国子监设立“国学书院第二院”。请啸麓公任“国学书院第一院副院长”，啸麓公谢绝。此后，“北京古学院”与“国学书院第一院”的牌子并挂在团城昭景门。古学院仅从事搜集、校印、保存古籍工作和研究工作。

1940 年，王揖唐在北京建立所谓“礼制会”，当然是为日伪粉饰太平的工具。请啸麓公出任其中要职，啸麓公谢绝，说：“此岂议礼时哉！”王又要聘为“礼制会顾问”，啸麓公也谢绝。（均见自编年谱）

1942 年，任伪职的周作人（又名启明）出面请啸麓公出任“华北教育总署署长”，啸麓公仍拒绝，写了一篇骈体文的《致周启明却聘书》，公开发表于《国学丛刊》第 11 册。

1945年,抗日战争胜利后,重阳日,啸麓公写了一首长诗:

重九日稊园社集联吟纪事、余以事未至、补成四十韵即同其韵

皇帝让政初,海内尚宁谧。盗柄繇武臣,私斗屡戈鉞;觇国者利之,谓可饵以术,斗狶妙操纵,假手无甲乙。坐使神州殚,谋我乃愈密;一战沈辽弃,再战蓟并失,连疆善麡窜,涣散不可律。当途诩星鸢,飞救乃无一。纷纷策士流,蝇附乃投敌,导虎或为伥,舐刀亦争蜜。驿骚极鸡犬,搜括写楮桦;绝力纵猛獒,呼群聚怪鹈。健者一蒋侯,剑及复履及,策奇仗远交,终焉扫狨狶;雄军自西来,瞥若飞隼疾,三城筑受降,万众欣解桎;濛汜旌复扬,花门枚皆慄。壶箪劳我师,八年甲生虱。故云我武扬,要恃人谋集。……

这首诗中斥责帝国主义列强操纵军阀混战,日帝疯狂侵略中国,政府丧失大片土地,汉奸纷纷投敌,日伪对中国人民的残酷压迫,也歌颂抗日战争的胜利。

1946年冬,啸麓公病逝于北平,享年65岁。安葬于香山普安店之亦云巢坟园内。

著作与才华

许钟璐先生所撰《侯官郭公墓表》中说:"(啸麓)公博学能文,虽颠沛忧危之际,未尝朝夕废文字。在天津,结冰社、须社、俦社。在旧都(北京),结钵社、律社。与一时硕彦耆儒商量旧学,皆推公为祭酒。尤以立诚持毅守约居仁行恕主敬知耻之学,身体而力行之,兼以课士。平生著述凡数十种。"

啸麓公的著作绝大部分是在41岁辞官隐居以后二十余年中写成的。除少数遗失外,绝大部分均保存至今。较重要者有《十朝诗乘》《清词玉屑》《旧德述闻》《遁圃詹言》《竹轩摭录》《庚子诗鉴》《南屋述闻》等。平生所作诗文，先后编辑成《龙顾山房诗集》《龙顾山房诗续集》《龙顾山房诗馀》(即词集)《龙顾山房诗馀续集》《龙顾山房骈体文钞》《龙顾山房骈体文续钞》《龙顾山房诗赘集》等。此外，还写有《世媺堂日记》数十册(现仅存 11 册)[①]，自编《龙顾山人年谱》一部。与老友们合编的主要有《知寒轩谈荟》。青年时代曾参与编著《各国政艺通考》。在浙江温处道任职时曾编有《瓯东尘牍》《瓯江去思录》(均不存)。我们还保存有《龙顾山房诗赘集拾遗》抄本一册，《龙顾山房文集》抄本一册。以外，还有《洞灵小志》《洞灵续志》《洞灵补志》《红楼真梦》等，这四种均属游戏之作。

《十朝诗乘》，24 卷，1935 年印。略似一部清代"诗话"，而又稍不同于诗话，是一部"以诗证史"的著作。"十朝"指清代顺治至宣统十帝。此书介绍清代有关史事的诗篇，联系史实加以说明，含有"补史"的性质，内容丰富，涉及很多史事与人物。

《清词玉屑》六册，12 卷，1936 年印。略似一部清代"词话"。稍涉及明末史事。也有"以词证史"和"补史"之意，性质与《十朝诗乘》相似。其中有不少近代史事和帝国主义侵华的资料，也有不少关于文物、掌故、古迹名胜、岁时风俗的资料。

《旧德述闻》，是叙述郭氏历代祖先(直到先曾祖春榆公)生平事迹的书。

《遁圃詹言》，10 卷，二册，1936 年印。是一部论述人生哲理、伦理道德、格言之类的短文集(随笔)。这些道理大多是啸麓公在数十年的人生道路与宦海浮沉中体会到的。其中每有新意，有一些在今天看来仍有一定的意义。例如，有一段说："官箴首廉，若廉以外无所长，则何以临众……故所谓良吏者，廉，其一端而已。"啸麓公一生正是以此要求自己的。

《竹轩摭录》，八卷，四册。是一部综述中国历代各种制度因革演

---

① 页下有作者原注："媺，同美。"

变的著作。1938年付印时，有一位老友建议改名为《清制溯源》，啸麓公同意，但书已付印，不能改了。此书以清代制度为主，上溯周、汉、唐、宋、元、明各朝代，内容很广泛，涉及天文历法、礼制、官制、军制、科举、学校书院、会馆、赋税徭役、水利、屯田、货币、驿站、矿冶、盐政、牙行、漕运、赈济、度量衡、关税、外交、法制、保甲团练、马政、风俗习惯、作坊、少数民族地区等。涉及面太广，当然不可能很全面、很详细。

《庚子诗鉴》，四册。是记述义和团运动与八国联军侵华史事的书。每段以诗配文，略成体系，有“诗史”之意。为这次反帝运动勾画出一个轮廓。而且写下了一些在一般有关义和团运动的史籍中见不到的重要史料，如张德成到天津查办假义和团，八国联军惨屠容城白沟河（张德成的家乡）数万户人民等。

《南屋述闻》只印成线装油印本一册。是记述清代军机处各项制度与掌故的书。因啸麓公之父春榆公（郭曾炘）曾任军机章京多年，军机章京在军机处南房办公；啸麓公曾听春榆公讲述过军机处的许多情况和制度，笔录而成此书。啸麓公的二弟郭则江（字民原）先生曾用铅笔在一册《南屋述闻》书眉上写了一些补充和订正；因他在八国联军侵入北京、“两宫西狩”时期，曾随春榆公到西安，听到的史实更多更准确些。幸运的是，恰好是民原公加眉批的这一本保存至今。

《知寒轩谈荟》，是啸麓公和十几位老朋友合编的，参加编著的有：版本目录学大师兼著名藏书家傅增湘、著名画家黄宾虹、古典文学教授黄孝纾（字公渚）、词学大师黄孝平（字君坦）、《燕都丛考》作者陈宗蕃（字莼衷）等。这十几位学者常常相聚闲谈，海阔天空，无所不谈；以后便商议应把所谈的内容汇集成书，于是各自再查阅有关书籍，笔录成文，都交与啸麓公，整齐文字，汇编成书，故名“谈荟”。内容广泛，涉及史事、掌故、宫殿、礼仪、科举、宗教、寺庙、图书、经学、碑帖、字画、考古与文物、事物起源、风俗习惯、农民起义、少数民族等。每条之末注上叙述者的别号。

《洞灵小志》《洞灵续志》《洞灵补志》都是讲神仙鬼怪妖魔故事的书，都是啸麓公听到的，略似纪昀（晓岚）的《阅微草堂笔记》和袁枚（子才）的《子不语》。

《红楼真梦》，1939—1940 年写成，最初连载于《中和月刊》，1940 年印成书，是《红楼梦》的续书。这类续书很多，大多是使死者还阳或投胎转世，硬写成“大团圆”，都没有价值。啸麓公这部《红楼真梦》只不过使死者和生者都成仙，到“太虚幻境”大团圆而已。不过书中许多诗、词、文章都表现出啸麓公的才华，远非其他《红楼》续书所能望其项背。啸麓公还据此书编成《〈红楼真梦〉传奇》八折，自填曲，王季烈制谱。1942 年石印。啸麓公用大量时间和精力来写《洞灵》三志与《红楼真梦》未免可惜。

啸麓公曾在天津、北京先后和许多文人墨客、好友同年组织词社，如冰社、须社、俦社、瓶花簃词社，所作的词汇编为《烟沽渔唱集》等书。也组织诗社，如蛰园诗社，所作之诗汇编为《蛰园律集》《击钵吟》等书。又，在天津时，常与朋友们同游水香洲，互相唱和的诗词，汇编为《水香洲唱和集》。

啸麓公才华过人。邢端（冕之）先生在为啸麓公《独茧词》作的序中说：“山亭低唱，类多变徵之声；花径微吟，亦溅哀时之泪。匪独上嗣两窗，直可远方二主。”（两窗，指南宋词人吴文英和周密，吴号梦窗，周号草窗。二主，指南唐中主李璟和后主李煜。）徐沅先生说：“啸麓天才轶举，靡不精诣……读所著词，但觉织绡腕底，去尘眼中。”陈声聪先生在《闽词谈屑》中说：“蛰云三世仕浙，词品柔丽芳缛，有竹垞（朱彝尊）、樊榭（厉鹗）之风。”陈声聪在《兼予阁诗话》中说：“郭蛰云丈（则沄）才艳敏给，外舅晚读先生帮办铨叙局时，曾于白事之际，见其草拟……四六文三百馀言，顷刻而就，退深服其工速。”①

① “兼予阁”，应为“兼于阁”。此节文字，见《兼于阁诗话》第二卷“瓶花簃”条，详陈声聪著《兼于阁诗话》，上海古籍出版社 1985 年版，第 121 页。

北洋政府时期，当啸麓公任国务院秘书长时，每天的阁议消息与文件都可以在当天交稿，在当天晚报上刊出，而且原稿文字通畅，无须加工改写，编辑们颇为钦佩。

北洋时期，有一次，为某人开一个小型追悼会，推啸麓公撰写祭文；因时间紧迫，来不及书写，啸麓公手持一张白纸，读出一篇很好的祭文；仪式完毕后，再回忆所读的祭文，写于纸上。

听黄君坦先生说：啸麓公曾作一首"三回文"诗，正读一首诗，倒读一首诗，再正读又可读成一首词。

清末时期，啸麓公的一名书童黄秋，因常读啸麓公的诗，耳濡目染，也学会了作诗。《龙顾山房诗集》卷一《虚船集》载入他的一首诗："回首思闽海，关心望蓟州；一行游子泪，分作两边流！"啸麓公还赠他一首诗："岛可诗奴颇自期，终应书癖胜钱痴；姓名傥附兰陵传，颖士风流是我师。"其《小序》云："小仆黄秋拾余残稿，日事吟讽。偶见所作感怀绝句，妥帖可诵，诗以奖之。"

啸麓公早在50年前与世长辞，玉楼赴召去了！幸而其著作绝大部分仍然留在人间。当年弟子也多已仙逝，弟子中的年少者如黄畬(经笙)先生、史树青先生等，都已白发盈颠，著作等身，成为学术界的大师。啸麓公所热爱的伟大祖国已经繁荣富强、蒸蒸日上！啸麓公在天之灵可以欣慰了！

1996.秋

郭春榆父子:蛰园与匏庐[①]

郭久祺

一、春榆公与啸麓公生平简述

先曾祖郭曾炘(1855—1928),字春榆,号匏庵,晚号遁叟,福建侯官(今福州市)人。清光绪六年(1880)进士,曾任会典馆协修官,参与编修《大清会典》。曾任军机章京、内阁侍读学士、太常寺少卿、光禄寺卿。政治思想上赞成变法维新,戊戌年(1898)在礼部任职,草拟过许多变法维新的文件,在诗文中也多赞成变法维新,主张讲求对于社会国家有利的"实学"。以后主要任户部或礼部侍郎(有时兼军机章京),参与修订官制。光绪三十一年(1905)上奏折,建议认真推行"新政",减轻对各省人民的摊派,实行财政预决算制度,整顿吏治,反对贪污贿赂,反对党争等,均切中时弊。1913 年(民国 2 年)以后,与陈宝琛等编写《德宗实录》与《德宗本纪》,保存了清末大量史料。还著有《匏庐诗存》《楼居偶录》《邴庐日记》《读杜札记》《施注苏诗订讹》等。诗集中颇有一些斥责军阀混战与残酷剥削、同情人民痛苦的诗。

先祖父郭则沄(1882—1947),字蛰云,号啸麓,别号"龙顾山人",系春榆公之长子。清末进士,曾任编修处编修,参与编著《各国政艺通考》。1907 年奉命赴日本,考察教育、工业、邮电等,在早稻田大学留学。回国后,在东三省总督徐世昌幕府任秘书官。20 世纪初,日

① 原载北京市政协文史资料委员会编辑《名人与老房子》,北京出版社 2004 年版,第 229—239 页。按:原文配有郭氏数代人照片五帧,此处略去。

本帝国主义在中朝边境图们江北岸制造所谓“间岛”问题，妄图侵占中国领土。啸麓公向徐世昌推荐吴禄贞，调来东北，调查边界一切情况，对日本交涉，遏制了日本的侵略阴谋。在此期间，啸麓公帮助了吴禄贞。1909年后，啸麓公调任浙江温处道道台、浙江提学使等，兴办了农业学堂与机织工业学堂。北洋政府时期，曾任铨叙局长、国务院秘书长。1921至1922年，各国召开华盛顿会议，啸麓公与徐世昌总统支持外交总长颜惠庆，收回了被日本侵占的山东权利及其他一些主权。1918年以后，曾任经济调查局总裁、侨务局总裁。1922年辞职，在北京家中隐居，讲学著书，结社吟诗，写字绘画，行书楷书均精妙。汉奸们几次要拉他出任伪职，啸麓公都坚决拒绝。1937年，啸麓公与友人们创办北京古学院于北海团城，培育青年文史人才，访求古籍孤本、手稿等校印。啸麓公先后著有《瀛海采风录》《十朝诗乘》《清词玉屑》《遁圃詹言》《竹轩摭录（清制溯源）》《庚子诗鉴》《南屋述闻》及诗词文集多种，并与老友们合著《知寒轩谈荟》。（详见拙著《郭则沄先生传略》，载《北京文史资料》第57辑。）

二、东四二条胡同的蛰园

啸麓公自编年谱记述，1920年，春榆公与啸麓公购置了东四牌楼三条胡同路北的宅地，系铁宝臣尚书故居，即入居。随又购买了其南面东四二条胡同路北的福康安（清乾隆时大将）的废园，“楼宇颓敝，而树石颇饶”。（据说以前东四二条全巷房屋均属福康安，此园仅是他的府第的一小部分。）啸麓公加以修葺，定名为蛰园（因啸麓公字蛰云）。园中各建筑物分别定名为松乔堂、小鄂跗堂、亚翠亭、卍雪楼、结霞阁、暖芳吟舫等，皆自书匾额，“集宋词句为楹联”。松乔堂为（福州）里中墓庐旧名，小鄂跗堂则仿福州先辈的鄂跗草堂而命名。鄂跗草堂在福州乌石山麓，系昔年先太高祖郭柏荫公（曾任湖广总督等职，曾治水救灾，也颇有些著作）与兄柏心公、弟柏苍公读书与集会吟诗之处。郭柏苍公一生热心公益事业，努力于疏治河道与救灾，一生研究学问，特别精研福建史地风土，著有《乌石山志》《闽产录异》《海错百一录》《闽会水利考》《鄂跗草堂诗集》等很多部书。

当时春榆公与全家居东四三条宅内，啸麓公一房居蛰园。蛰园形势大略如下：入垂花门，正面为松乔堂，俗称中厅，两侧有廊无房；其后为一座四合院，东面为小园，中有卍雪楼，将东园隔为南北两部，南部有小池，名"勺池"，最南为结霞阁，俗称南厅，建于假山之上；北部也有假山，其间有亚翠亭，最北为小鄂跗堂，俗称北厅；北厅与上房的后面为后院，最北有一排后罩房。只暖芳吟舫不知是哪座厅堂，或许是卍雪楼的下部厅堂。在啸麓公全家迁入后，松乔堂内尚有一个匾，蓝地金字，为"屏翰嘉勋"四字，是乾隆写了赐予福康安的。

在我出世以前，啸麓公全家在蛰园住了些年。蛰园的西邻是王揖唐(后来当了日伪汉奸)的一片空地。他是依附于皖系——安福系的。1920年直皖战争，皖系惨败，王揖唐也失势。次年，直系控制的北洋政府籍没王的家产；王先已将东四二条这片宅地借与啸麓公用，以此未被抄没，当时王逃往海外，"使人致语"，愿将这片地卖与啸麓公，王又说："契不在手，君若须用之，不妨先营筑，其价易商也。"啸麓公"乃于其间筑精舍三楹；编篱布径，多种花木；中为十字亭；西为丁香院，院南为假山，结草亭；由山蜿蜒东趋，至山尽处，又为鸳鸯式草亭。制取简朴，名以逸圃。时揖唐自号逸塘，明其为逸塘之业，非占为己有也"。春榆公"喜其野趣，每觞客于此"。(引文均来自《年谱》)我们全家人都称逸圃为西花园。按精舍三间在西花园的北部，十字亭在中部，四面全用玻璃，内设几椅，仅供休息或宴客之用。西花园花木繁盛，丁香以外，海棠、林檎等亦多。另于西部养有孔雀、锦鸡，南部养有狍子。

1924年，政局变化，直系失败，皖系再起。王揖唐从海外归来，重又得意，反咬啸麓公占了他的宅地。啸麓公托人去解释，王不听。啸麓公即拆掉西花园，另在景山后街北面购一片地，以西花园的建筑材料及花木移至此处，另建一所宅园，名为"琼影精庐"，后定名为"匏庐”。“花木不能尽容，则以分贻亲戚”。对王揖唐“酬以千金，为租赁之费”。

1925 年琼影精庐建成后，春榆公与啸麓公全家迁入。“以蛰园为游宴之所，惟内室赁于钱氏”，即将蛰园的正房及西厢房租与钱家，始租之年不详。钱家即是我的表舅公许宝骙先生（俞平伯先生之内弟，民主人士）的夫人钱静玟的娘家。1938 年，啸麓公的三妹夫黄孝平（字君坦，词学大师）与其二兄黄孝纾（字公渚，中国古典文学教授）从山东来北京任职，“觅宅子不得”，啸麓公“以园东之小鄂跗堂、结霞阁借之”。此后啸麓公只保留松乔堂，作为诗社活动或来此休息之处。两位黄先生都参加了蛰园诗社，黄公渚精于国画，曾绘一篇《蛰园觅句图》，很精妙。

蛰园花木也很繁盛精彩，啸麓公在《年谱》中记：“蛰园牡丹，有名‘藕丝囊’者①，花大如椠，实冠群艳。”还有绿牡丹、墨牡丹、桂花等。《年谱》还记载：1927 年重阳节，啸麓公与朋友们在蛰园聚会吟诗，“日本画家渡边晨亩、诗人田边碧堂来华，亦就蛰园宴集。碧堂诗擅风神，所作多绝句，有‘海外渔洋’之目。”他即席赠啸麓公一首诗，中有“箫廊屈曲碧栏斜，绝似仇英画里家”之句，应是描写蛰园景物的。

三、景山后街的匏庐

1. 匏庐的概况与匾额、对联

匏庐位于景山后街与地安门大街相交处的“丁”字形街口的西北面，当年门牌为景山后街 5 号，东邻西雁翅楼。1954 年政府将东、西雁翅楼与匏庐都拆掉，建造两座绿琉璃瓦顶的半中半西式大楼。匏庐的地域即今日西面大楼的西部，仅剩当年门前那株大槐树尚存。

初定名为琼影精庐，是因为在其东园内假山上遥望西南方，可以隐隐望见北海琼华岛上的白塔山。不久，改名匏庐，因春榆公别号匏

---

① “藕丝囊”，《龙顾山人年谱》原稿作“藕丝裳”。

庵,取孔子所说"吾岂匏瓜也哉!焉能系而不食"之意。大门上悬巨型木匾,刻绿色大字"匏庐",系书法家华世奎先生所写。

最初几年,是供春榆公、啸麓公和全家居住。1928年春榆公逝世后,不久,先曾祖母王氏夫人也逝世。啸麓公即以景山别业为家祠,"中为飨堂,奉公(春榆公)以至高曾咸祀,旁逮诸季父,所以体(春榆)公笃本之思、友于之爱也"。其余各厅堂轩舍,一部分贮藏春榆公与啸麓公的藏书,大部分成为我们全家和一些亲友居住之所。

匏庐的形势如下:最前面为一长方形小院,大门在其东南方,两侧为传达室,再西为汽车房。北面正中为垂花门,门内为祠堂院,正中北面为飨堂(祠堂),两侧无厢房,只有两条走廊,西廊的西墙即围墙,东廊可以透视东花园的南部。祠堂院中有红、白海棠各二株,白海棠开白花结红果,红海棠开粉红花结白果,即西府海棠。从东廊可以绕至中院(上房院),为一四合院,南面即祠堂后身,东、西两厢房均为藏书之所,东名书仓,西名文库,后改为墨苑。正北上房为养福堂。中院内有十字甬路,南部种两株紫丁香,北部种两株白海棠。从中院的东南角与东北角走廊均可通东园。东园名遁圃(其命名与春榆公自号遁叟有关)。园中有池沼、石桥、竹林、假山,山上有邴亭,园内花木奇石不少,后当详述。遁圃南面有一大厅名再愧轩,俗称南厅,圃的北面有一大厅名瓶花簃,俗称北厅。在北厅与养福堂之间,有一通道,可通后院。后院有牡丹台、假山、井亭、太平花池等;北面靠北墙为六间花房;西面是一排群房,包括餐室、小厨房、大厨房等。

啸麓公在《旧德述闻》中记述:

> 祠之楹帖,皆集公(春榆公)诗句为之。祠门(即垂花门)曰:"风骚本忠爱,揖让希唐虞。"夏闰枝太守所书。飨堂内楹曰:"康功举坠典,积庆贻后昆。"集平原碑字也。外楹曰:"砥柱功不祧,匪仅国闻备参考;承明生苦晚,剩从家乘纪恩私。"则朱艾卿少保书之。书仓联云:"不必名山探二酉,犹应享帚直千金。"额与联

俱袁珏生侍讲笔。文库联云:"想见篝灯勤午夜,犹应片羽重连城。"额与联俱徐芷升观察笔。袁、徐皆先公门人也。养福堂额,并集先公所集(元)遗山诗联云:"玉壶冰鉴悬胸臆,鹤发松姿馀典型。"则乞书于章茗簃同年。遁圃额则乞书于邵伯䌹同年。邢亭联云:"趺坐暂容芳草籍,逢辰况有晚花香。"并额俱李惺吾侍读篆。瓶花簃联云:"果否主芙蓉,十空总入华胥梦;无为叹蓬累,今日真成杜宇愁。"并额俱许望阙比部篆。再愧轩联云:"休忆白云谣,胎禽倘亦悲华表;为问红尘客,残局今谁号奕秋!"并额俱夏闰枝书。

我回忆幼年时所见匾额、对联,大多与书中所述相符。只西厢房"文库"匾已换为"墨苑",对联换为"举世方沦洪水厄,过庭岂为一家私"。又祠堂门户前廊柱上挂有一幅巨大的木制对联,隶书"家传五色笔,人仰九霄松",字很大。曾听我的大姑公(啸麓公之妹夫)刘孟纯(尔常)先生说[①]:郭家若干代以前曾有一世贫穷,沦为人家的仆人,写对联的这人故意讽刺,在对联上端嵌入"家人"二字,但郭家认为此对联的文句与书法均佳,也就不计较它的讽刺之意,依然悬挂。

约在1936或1937年,啸麓公购买了匏庐西北面的太平街10号小院,其门原朝北,门很小,临太平街(景山后街北面一条弯曲小巷)。此院原有南、北矮屋各三间,庭院狭小,居民不只一户,大率为黄包车夫或城市贫民。啸麓公买后,将此院与匏庐之间,开小门打通,并重加修葺,种些竹子,将其北屋取名曰竹轩,我们一般称之为小院。北屋住人,有时作为客厅;南屋作为库房。于是,啸麓公的著作中遂出现了《竹轩摭录(清制溯源)》《竹轩集》等名目。

约1945后,啸麓公又将竹轩改建,当中一间向北拓出一小块,开

---

① 刘孟纯实为郭则沄之"姐夫"而非"妹夫",详《龙顾山人年谱》光绪十九、二十八年等条。

一较大的后窗，后窗北面后小院增植一批竹子。又把竹轩东面的原大厨房改造为厅堂（另把花房的西部三间改造为大厨房），在其东面门户上挂一匾："瘦碧行窝"，并在竹轩与瘦碧行窝之间打通一个小门。又把俞樾（曲园）先生（清代后期经学大师，即我先祖母俞琎与俞平伯先生的曾祖父）在西湖边俞楼的一副篆字对联借用来挂在竹轩门前，联语是："一片翠荫庭院，几重凉雨阑干。"

啸麓公很欣赏蛰园，建造匏庐是模仿蛰园的形式建筑的。祠堂的位置相当于松乔堂，但性质不同，其后面是四合院，东面是遁圃，都与蛰园相似，遁圃中也有假山、池子、小亭，只是没有在当中隔断的卍雪楼，而且小池在北部，亭子在南部，与蛰园的东园相反，瓶花簃相当于小鄂跗堂，再愧轩相当于结霞阁，如将两图对比，就看得很清楚。但匏庐另建有后园，内有假山与牡丹台，则为蛰园所无。

2. 匏庐中的一些图书文物

春榆公和啸麓公都是酷爱书籍和文物的，多年来购买的大量线装书，主要存于东、西厢房。东厢房书仓，中心为一片书柜，周围留为通道。以后由仆妇、婢女们居住，在周围通道中放几张床。西厢房墨苑，室内西、北、南三面靠墙放一圈书柜，中心部分仍可住人。此外，祠堂的西内间西墙，陈放一部《古今图书集成》，原装十馀个木匣，上刻绿字《××典》，拼在一起像一堵墙。与此相似者，再愧轩的西间西墙，靠墙陈放一部木匣的《二十四史》；瓶花簃的西间西墙，靠墙陈放一套《四部丛刊》，放在矮柜中，中央一间东南角的东面隔板前，陈放一部匣装《九通》。各室内陈放文物古器或悬挂书画对联等不少，贮存而未悬挂的书画对联也不少。再愧轩西间南北墙上，悬挂一套《几杖衍年图》，系啸麓公请黄道敏（黄黄山）先生精绘，描绘春榆公一生主要事迹，即：(1) 鳌峰传砚，(2) 郡斋读书，(3) 禁城儤直，(4) 桐江归省，(5) 咸京扈跸，(6) 鹊华奉使，(7) 容台抗议，(8) 寺楼草疏，(9) 山陵捧册，(10) 蕉园削藁，(11) 雪竹清风，(12) 仙山异梦。另请章茗簃先生作记，请俞陛云（阶青）老先生（啸麓公岳父，俞琎夫人与俞平伯先生之父，探花）题诗十二首。

啸麓公在《旧德述闻》中解释再愧轩定名的涵义如下：春榆公以前“居兵马司中街，与庞礼堂光禄对宇。礼堂引疾归，公愧未能，因自号‘愧庞’。迨庚子冬，省亲于浙，将疏请留养；按察公[①]曰：‘吾悬车之年，尚力疾驰驱，果海宇平戢，行且投劾归老，尔及时乞养未晚也。’公还朝，疚心国事，复署轩曰‘再愧’。”再愧轩内陈列有淡青瓷八卦方瓶、石鼎、铜瓶等不少文物。啸麓公以再愧轩为客厅，并作为与老友同年们结社吟诗之所。

约在抗日战争初期，啸麓公曾将再愧轩的东套间向北拓展数尺，并将该室与再愧轩东间相通的小门展宽，安装一个八角形木门，八角形门周围的木格子如冰裂之纹，中衬天蓝色绸布，上悬一匾，刻“青雀舫”三字，是当年康熙帝写的。悬一副木对联：“鹦鹉帘栊蝴蝶梦，芭蕉情绪海棠心。”又把东套间的东窗扩大为正方形，窗外小巷中植芭蕉一株。东套间曾作为我的书房。

北厅瓶花簃为啸麓公居室。西间为书房，啸麓公的绝大部分著作，如《十朝诗乘》《清词玉屑》《遁圃詹言》《竹轩摭录（清制溯源）》《庚子诗鉴》《南屋述闻》《龙顾山人年谱》《知寒轩谈荟》《洞灵三志》《红楼真梦》和诗词文集中的大部分篇章都是在此室写成的。中央一间为餐室，东间为寝室。东套间为先祖母俞氏夫人寝室，匾上题“梦芝芙馆”四字。东间的东墙上挂着一幅春榆公的放大像，两侧悬一副春榆公当年写的对联：“教化静师龚渤海，诗名恒压鲍参军。”瓶花簃内除《四部丛刊》和《九通》之外，还放有先祖父母常看的书籍多种，其中最精彩的有《宋元明清名画大观》两巨册和日文《支那名画宝鉴》精装一巨册，这两部书是中国古画的宝库渊海。

啸麓公先后收集砚台数十个，大多刻上“蛰园藏砚之几”，形状、

---

① 作者原注：“即春榆公之父郭式昌，官至浙江金衢严道，权按察使，治浙久，所至有惠政，浙人称为‘郭佛’，著有《说云楼诗草》。”

色彩、质地各有不同,有些古朴典雅,有些极其精美,有绿色的,有粉红色玛瑙的;还有一个"竹砚",一个"漆砚",刻着"蛰园藏砚别品"。这些砚原存蛰园,其中不少曾移到竹轩内陈列。

3. 蛰园、匏庐的诗社和词社

1920年蛰园建成后,春榆公与啸麓公在蛰园的结霞阁成立蛰园吟社,作"击钵吟"。参加者有易顺鼎、林纾等八十多人。"击钵吟"的形式在闽中早已盛行。易顺鼎说:"旧时闽中士大夫有所谓'击钵吟'者,作七绝一首,指古事命题,而选与题绝不相干之三字为韵,以速为主,往往韵甫限而诗即成。"一说最初是以铜钵盛香,香燃毕,落在钵上一声响,诗必须作成,故名"击钵吟"。啸麓公《旧德述闻》中说:"月一集,集必二题,岁首亦张灯夺彩,或放烟火助兴。凡九十六集。"1928年春榆公仙逝,不再举行,将所作诗刊印为《蛰园击钵吟》。

1936年夏历正月,啸麓公重举行蛰园诗社,为击钵吟。夏季,又举行"蛰园律社"。参加者有薛淑周、黄默园、傅增湘、夏仁虎、关赓麟、陈宗蕃、瞿宣颖、方策六、黄公渚、黄君坦等49人,皆一时学者文士。每年春节前,啸麓公请人绘制一些绢纱灯,作诗后评选次第,诗优者可以优先选择好灯带回家。夏秋以后,或以扇,或以文房珍玩之属。地点在蛰园松乔堂,月一集,历数年,改为春、秋两次。后来改在匏庐再愧轩举行,每隔二三周的星期日集会作诗,啸麓公请大家聚餐一次。

抗日战争末期,啸麓公又组织"瓶花簃词社",实际也在再愧轩举行,只借用瓶花簃之名。参与者有关赓麟、夏仁虎、陈宗蕃、瞿宣颖、傅岳棻、寿石工、黄公渚、黄君坦、杨秀先、黄畬等二十馀位,张伯驹等为社外参加者。先后集会六次。而日本投降,最后一次所作的词中颇有爱国欣喜之情感。

4. 遁圃及后园、竹轩区的景物

如上所述,匏庐包含有两个小小花园,即东部的遁圃和北部的后园,而以遁圃较为佳胜,虽面积不大,但有山有池,有桥有亭,奇石错立，花木繁茂，曲折错落，掩映成趣。由于遁圃的西南面是走廊，可以透视祠堂院及其四株海棠树，更觉视野开阔。

这里应该提到曾经品题遁圃景物的先大姑母郭豸。郭豸原名可谱，辅仁大学中文系毕业，精通英语，能诗，善书画。早年曾著《昌黎集研究》。1948年到台北，此后长期致力于幼儿教育的研究与实践。先后创办"幼幼托儿所""幼幼幼稚园"等。曾到美国某学院研究幼稚教育，并带回大批有关书籍与经验。又发起组织幼稚教育研习会，她任总干事兼秘书；举办幼教专题演讲、讨论会，举行儿童福利机关调查、师资讲习、读书报告、观摩教学等。出版《幼儿教育》月刊、《幼稚教育手册》等。她还译出许多外国幼教资料，如《英国初级学校教育改革资料》等。她对于幼教设备、教学方式方法、教学内容，都认真研究和改进，还研究幼儿心理学、幼儿营养学等。被台湾省幼教界称为"幼教的灵魂"。不幸于1971年因车祸逝世。

当我幼年时，大姑哄着我玩，仿照"燕京八景""西湖十景"之类，把遁圃中的亭桥花卉、嘉木奇石，各取一个四字的"景"名，总称为"匏庐十八景"。虽然是游戏性质，但也确实可以体现出遁圃景物的优美多彩。这"匏庐十八景"是：(1) 石如卧虎，(2) 苹果歪脖，(3) 红白相映，(4) 平顶小松，(5) 山虎垂络，(6) 石桥远眺，(7) 郈亭六角，(8) 丁香雪海，(9) 老松清荫，(10) 石磴三盘(以上总称为"山上十景")，(11) 黄芍药圃，(12) 硴(音确)磊石门，(13) 朝阳假洞，(14) 松间亭影(以上称为"山下四景")，(15) 高柳垂荫，(16) 石桥三曲，(17) 黄绿丛竹，(18) 红笏插云(以上为"池边四景")。

遁圃不仅白天风景颇佳，夜景亦妙。啸麓公《瘣春集》中，还有一首《十月十五夜对月》的诗："残枝如划豁庭轩，起视重栏浸月痕。寒浅只知秋蕴藉，境孤不碍影温存。风光何计酬良夜，烟景多情画小园。世界濛濛灯火里，一轮涌出玉乾坤。"此诗描写了遁圃小园在初冬望日，月光下的烟霭迷蒙的夜景，别有情趣。

啸麓公自编年谱丁丑年(1937)记述："遁圃花木……以海棠、林榆、丁香为多；比岁增植牡丹、鸾枝；祠前尺地，屡种松不活，乃补以西府海棠；诜儿（即先伯父郭可诜，字学群，曾任上海图书馆副馆长）复于假山上植黄芍药数丛（按即前述“十八景”中之“黄芍药圃”）；花事之胜，遂过于蛰园；每牡丹、芍药花时，辄招客吟赏。”又啸麓公还写有一首《小山间西番莲竞放，正红一丛特盛，徘徊其下赋此写感》，中有云：“檠霜巨如檠，大丽符厥谥（原注：西番莲亦名大丽花）；正色世岂多，一丛绚天地。”“物外日月驰，花前但俄顷。绝艳若天人，陵霜况殊秉。”从以上种种记述中，可见匏庐遁圃花木之盛。

再说后园。后园的西部是平地，西部中央是一座圆形的牡丹台，台上满植牡丹，有矮栅栏围护。盛开时，姹紫嫣红，尽态极妍；晚上挂电灯照射，灯下赏花，仪态万方，真不愧“国色朝酣酒，天香夜染衣”。啸麓公曾作一首《雨中赏后圃牡丹》诗云：“……妆粉张罗袂，啼珠泣玉盘。馀妍还耐赏，难得雨中看。”后园中还分布着一些苹果、海棠树和其他杂树。

后园的东部是另一座土石假山，又分东、西两小山，两小山之间也是一座石桥兼洞门，从上面走是石桥，从下面穿行是石洞门，恰与遁圃中的“石桥远眺”及“砢磊石门”相似。桥东假山上有一座六角井亭。桥西假山较大，有不少花木；其前部有一座太平花圃，系从故宫御花园绛雪轩前的太平花池移来的，每年春初开白花如雪，啸麓公也曾为之赋诗。

俞平伯先生是我的舅公，是先祖母之弟，他与啸麓公不仅是郎舅之亲，而且同样爱好文学，多年为文字之交，又都喜欢赏花观景；因此，俞平伯先生常来我家赏花，也有时与啸麓公同到北海公园赏月。俞平老曾写一副小巧精致的对联，赠与先祖父，挂在瓶花簃内，其联云：“观华每在景山后，玩月同来北海中。”“景山后”即指匏庐、遁圃。

最后再说说西北小院竹轩区。虽然原是矮房，院宇狭小，但经整修种竹以后，也成为一座幽静的小轩。再放些图书文物，挂上俞楼的篆字对联，颇饶雅趣。最初只在前小院北部竹轩前种些竹子，以后啸麓公又在狭窄的后小院补种一批竹子，将后面白墙与后小门遮住，虽然清幽静雅，但也令人有一点阴暗的感觉。补竹可能在1945或1946年。啸麓公曾作《竹轩补竹》一首长诗。稍后又作《竹轩绝句》十首，中有云："种蕉绕屋竹遮门，漠漠凉云昼易昏。""闲过熏风荷芰老，断无人处有花开。""乍听盆荷淅沥声，小窗云过夕阳明。"以后，又作有《竹轩》诗云："插屋书千卷，堆门竹一窝[1]"，"暝色兼阴重，秋声向晚多"。可见竹轩除竹林之外，还有芭蕉、盆荷，一片翠荫清香，室内有图书文物，在作为厅堂时，真有世外桃源之趣，只比较阴暗，是一缺点。

啸麓公于1947年初仙逝。匏庐、遁圃在1954年也被征购并完全拆除，改建大楼。先祖母俞氏夫人当时曾作七绝一首，题为《小园》，诗云："卜筑园林近卅年，苍松修竹碧笼烟。小桥通径花临槛，倏忽谁怜海变田！"

匏庐、遁圃不存在了，它的旧照片绝大多数也在"文革"中丧失了，只可从文献和记忆中试图恢复其原貌。蛰园，听说前几年还残存一部分，现在如何，很难说了。

1996年9月

2003年3月修订

---

① "堆"，原刊误作"推"，现据郭久祺先生校订手迹予以改正。

附录三　诗话、词话选辑

清诗纪事·郭曾炘[①]

郭曾炘

号春榆，一号匏庵，福建侯官人。光绪六年庚辰进士，改庶吉士，授礼部主事，官至典礼院掌院学士，谥文安。有《匏庐诗存》。

夏敬观《忍古楼诗话》："侯官郭春榆侍郎曾炘工诗，有《亥既集》，殁后定本名《匏庐诗存》。"

徐世昌《晚晴簃诗汇》："匏庐为礼官垂三十年，兼直枢垣，洞明掌故。其请以顾、黄、王三儒从祀孔庙，为庚子直谏诸臣请谥，力争满员从汉服制，先后三疏为世传诵。辛亥后始致力于诗，辑所作为《亥既集》，丁卯续成《徂年集》《云萍簏稿》。沧趣序其诗谓婉至类遗山，沈厚类亭林，此于其性情见之。实则深于杜诗，不必规规趋步，而神与之合。至其见闻翔实，寓史于诗，沧趣谓一代献征之所寄，诚笃论也。"

默园枉赠绿净亭四十韵奉答

黄郎磊落才，万言可日试。孝穆石麒麟，摩顶闻宝志。抱璞久未售，寤歌矢独寐。传家十砚斋，横枝推法嗣。几年江海别，所诣益深

① 录自钱仲联主编《清诗纪事》，江苏古籍出版社1989年版，第18册，第12904—12915页。

邃。风骚振馀响，莩甲出新意。浸淫百氏书，糟粕例吐弃。扶桑万里游，莲幕一枝寄。落霞孤鹜词，倾倒洪都帅。承平养士恩，酬知剩文字。明经应制科，奋起还拔帜。馀樽婪尾春，冷署回翔地。退食殊萧闲，饱揽西山翠。邮亭僧舍间，题壁墨常渍。晋安风雅遗，得君重鼓吹。断句闲流传，遗秉与滞穗。龙蛇忽起陆，坐见虞渊坠。敝庐隔人境，旧雨谁复至。惟君勤过存，相访月数四。茆亭仅容膝，补葺殊造次。乞邻得桃栽，芟径除棘刺。清谈恒彻宵，一榻为君置。衔杯称圣贤，抱瓮泯机智。袖诗忽索和，譬钓悬钩饵。出匣见龙泉，神锋何锐利。奖借或过情，敷陈皆古义。蚓窍强学吟，敢附洞箫谥。馀生况苟活，岂复关此事。相对欲何言，举目山河异。苏程老兄弟，穷旅眷亲懿。我已怀遁思，君当守默识。世变未可知，待时且藏器。矍铄听水翁，晚节弥冲粹。渊源早得师，杖履仍日侍。籍湜在韩门，馀子三舍避。群雄尚斗争，四野多烽燧。潜渊有惊鳞，摩霄无健翅。东阳吾所钦，郊居方息累。墩名讵敢争，涧饮期无愧。朗吟珠玉章，苍茫恨天醉。

陈衍《石遗室诗话》："穷而后工之说，时复有之。郭春榆侍郎，乱后寓析津，无俚中辄寄情吟咏。有《默园枉赠绿净亭四十韵次韵奉答》云云。字字妥帖，尤于押韵见工。嘿园于春榆为妹婿，拔贡廷试，春榆则座师也。'奖借'句似太谦。'落霞'一联，谓嘿园幕游江西，沈爱苍权巡抚也。爱苍陈粤臬，署中亦有绿净亭，故末有郊居争墩各句。"

恭纪诗

御河路转小南城，典守犹馀老禁兵。两翼分排金镄灿，九霄上烛玉虹明。检书供奉长歌壮，受印亲藩异数荣。欲证旧闻遗老尽，文谟武烈想承平。

郭则沄《十朝诗乘》："近年，《德宗实录》告竣，犹遵故事，尊藏于皇史宬。先文安公为副总裁，恭纪有云云。"

与枢直旧友追话诸老逸事

图谶说淳风，祸唐知不免。乡曲老书生，乃亦妖梦践。前生故渺茫，置身忽鼎铉。私印默自镌，画禅且游衍。

南厓非奸相，门下乞削籍。谬种孰流传，亦被春秋责。和议处两难，群矢期中的。智哉卫足葵，急流能勇决。

烽火照甘泉，宫车急西迈。七十秃老翁，抱印趋行在。入议首懿亲，青蒲偶独对。吕端不糊涂，沈默姑养晦。

藏地连西南，全蜀藉屏蔽。维州已归顺，庙谟忍轻弃。桑榆犹及收，荐贤亟自代。碧血埋苌宏，谁理西康议？

郭则沄《十朝诗乘》："先文安公元直枢垣，有《与枢直旧友追话诸老逸事》诗数首。其云'图谶说淳风'云云，谓南皮张文达也。文达微时，尝梦跪大士前，一白猿前跪与大士言，不可辨。大士顾文达曰：'汝善辅之。'又尝梦大学士陆润庠、粤督袁树勋为割地使，二公时犹未贵。又云'南厓非奸相'云云，谓济宁孙文恪也。文恪以主和被谤，门生某至绝迹其门。后其人亦为清议所斥，二者非一事也。和议成，文恪遂引退。又云'烽火照甘泉'云云，谓仁和王文勤也。拳乱时，端邸有疏劾文勤，请正法。慈圣以问荣文忠，文忠曰：'他人臣不敢知，若文韶则共事日久，臣敢以百口保之。'因得免。文勤同入对，病聋，初不闻。见文忠叩首，亦叩首。及退，始知之，犹震惧失色。迨端、刚斥罢，文忠方留京，文勤独对者兼旬。惩凶诏旨，胥由手定，世以模棱目之，失文勤矣。又云'藏地连西南'云云，盖纪定兴鹿文端论西事语。'碧血'句谓伊犁将军志文贞也。"

挽溥玉岑

籍甚天潢俊，容台接佩琚。冲怀终受善，忠悃托佣书。竹沪残生痛，鸥波赭汗馀。阐幽门下笔，褒衮惜犹虚。

郭则沄《十朝诗乘》："当宗潢柄政，（溥玉岑）师独斥外为察哈尔都统。国变后，解官居易州。其弟负某商多金，弟故，遂控公，至尽斥其产，贫甚，乃易名为岑玉溥，充实录馆供事。久之益困，与子毓盈同仰药死。常熟张隐南部郎摭其事，征诗，先公挽以五律云云。'冲怀''忠悃'二语，皆纪实也。当师门盛时，两弟皆贰卿，子亦阁学，列第相望，曾几何时，凋零至此，可慨也已。"

赠啸桐

百蛰乘春得气争，黄鹂紫燕竞新声。岂知戢羽朝阳凤，不露文章世已惊。

是非青史争何益，朋党中朝去大难。当代南雷人不识，枉将馀瀋拾翁潘。

郭则沄《十朝诗乘》："国初沿明制，州县得行取为御史。其时科道犹七品也。后行取例罢，御史需员由编检及六部郎员中保送，于考试后记名传补，相沿久矣。宣统初，复改由京外大臣保荐，京官自实缺中书以上，外官州县以上，曾任实缺者，皆得列保。轻朝廷风议之司，开门户党援之渐，甚非立法初意也。于是萧新之同年（丙炎）以中书擢，周熙民师以霸州牧擢，皆缘荐举考用。岑云阶督部举权梧州守高啸桐（凤岐），试列第一，竟不用。盖枢邸忌西林故，并抑之。先文安公赠啸桐绝句云云。时方议亭林、梨州、船山从祀两庑，其议固发自翁文恭、潘文勤也。"

癸丑感事诗

高拱君门远九重，滔滔江海自朝宗。谁知越国尸居气，错认征南武库胸。乐府咋歌杨叛曲，扁舟莫问董逃踪。吴头楚尾风烟接，正似铜山应洛钟。

四贵无王事可知，更堪燕雀处堂嬉。耕奴织婢宁当问，劣虎优龙迥自奇。七载金縢思创业，一门花萼艳连枝。老臣遗疏谁能省，泪尽香山讽谕诗。

枢轴无谋坐失机，仓皇遣将咎谁归？只愁淮右貔罴据，肯信河边羖䍽飞。往事休歌千里草，功成只待一戎衣。分明破竹堪乘势，垂下齐城又解围。

宵衣日盼刺闺书，风鹤惊传岂尽虚。玉几频烦询国是，金花络绎佐军储。拥兵无奈陈元礼，草诏空劳陆敬舆。宫禁岂知帷幄事，区区握玺待何如？

一家胡越忍相屠，九庙神灵讵可诬。衔命乍闻驰北使，义旗早已建南都。探符盆子真多幸，对局虬髯自决输。草草敦槃盟约定，三军解甲听欢呼。

一封劝进表初赍，闻说长安笑向西。共睹天门开诛荡，定知民望慰云霓。虚名多是陈惊座，佐命居然楚执珪。谁料上元灯火夕，渔阳蓦地动征鼙。

锁钥何人掌北门，龙庭万里昔屏藩。未消内讧金瓯莫，已动边氛羽檄繁。旧德休言天倚汉，奇谈真见佛称尊。请缨壮士知多少，十万横磨敢大言？

水晶殿阙月轮斜，零落金蝉怨孟家。且幸深居存汉腊，遽惊晚出罢宫车。愁云惨淡苍梧野，泪雨缤纷白柰花。真赝谁明衣带诏，一篇哀诔自高华。

凄凉钟虡忆收京，国耻犹存城下盟。端礼穹碑自深刻，元丰新制但纷更。特科枉复登风汉，武库真成借寇兵。一瞬兴亡儿戏局，只如春草斗输赢。

郭则沄《十朝诗乘》:"先文安公《癸丑感事》诗,备详国变颠末,诗凡三十首,谨撮录其有关史料者。如'高拱君门远九重'云云,谓武汉变作,瑞督遽登兵轮遁走,泽公庇之,不加罪。长江诸省遂望风瓦解。又云'四贵无王事可知'云云,谓亲贵柄政典兵,致召危亡,而惜南皮遗疏之不见纳也。又云'枢轴无谋坐失机'云云,谓政府以厞昌逗遛无功,特起项城督师,汉阳既下,武昌垂定,而勒兵踟蹰,众皆失望。盖其时已别操秘算矣。又云'宵衣日盼刺闺书'云云,'一家胡越忍相屠'云云,谓政府藉口进兵乏饷,迫宫廷出内帑犒师,积储顿尽。几由统兵将令昌言抗命,于是有遣使议和之举。和约曰'逊政',不曰'逊位',其言于孝定后者谓宝位无恙,犹泰西之虚君共和,后误信之。贵近亦无敢驳论者。又云'一封劝进表初赍'云云,谓和议既定,项城奉诏以全权组织共和政府,而京、津忽相继兵变也。又云'锁钥何人掌北门'云云,谓逊诏既颁,内外蒙古皆独立,而哲布尊丹巴俨然自帝也。又云'水晶殿阙月轮斜'云云,谓孝定后衔痛上宾,而共和政府颂其让德也。又云'凄凉钟虡忆收京'云云,辛丑回銮后,规行新政,于兴学、练兵尤亟,而魁柄失驭,适伏祸阶,是篇尤寓深感。"

题芦台聂忠节祠

尚有荒江庙貌留,同时淮将已无俦。鼓鼙今日思应晚,萋菲盈庭死亦休。朝士可怜黄菜叶,路人犹唱《白符鸠》。英灵不泯知遗恨,坐看支祈鼓浊流。

《清史稿·聂士成传》:"聂士成,字功亭,安徽合肥人。初从袁甲三军讨捻,补把总。同治初,改隶淮军,从刘铭传分援江、浙、闽、皖，累迁至副将。东捻败，赐号力勇巴图鲁，擢总兵。西捻平，晋提督。光绪十年，法人据基隆，率师渡台湾，屡战却敌。还北洋，统庆军驻旅顺。十七年，海军大阅礼成，晋头品秩。调统芦台淮、练诸军，击热河朝阳教匪，擒斩其酋杨悦春，赏黄马褂，易勇号曰巴图隆阿。明年，授山西太原镇总兵，仍留芦台治军。请单骑巡边，历东三省俄罗斯东境、朝鲜八道，图其山川厄塞，著《东游纪程》。逾岁，日韩乱起，随提督叶志超军牙山。闻高陞〔陞〕兵舰毁①，语志超曰：'海道梗，牙山不可守。公州背山面江，势便利。'从之。士成乃先诸军发，次成欢，遇伏，迷失道，吏士无人色。士成见二鹤立冈阜，语众曰：'彼处无隐兵也！'遂出险，往就志超。志超已弃公州行，追及之。士成议趋平壤合大军，而鸿章檄令内渡，以故平壤陷，得免议。志超逮问，宋庆接统诸军，遣士成守虎山。未几，铭军溃，诸军皆走，士成犹悉力以御。日军大集，力不支，退扼大高岭。是时辽西危棘，士成请奇兵出敌后截其运道，诸帅不从，乃自率〈师〉逼雪里站而阵②。除夕，置酒饮将士，预设伏以待，日军果来袭，大败之分水岭，斩日将富刚三造。优诏褒勉，授直隶提督。和议成，还驻芦台。北洋创立武卫军，改所部三十营为前军，与宋庆、董福祥、袁世凯并为统帅。庆、福祥用旧法训练，世凯军仿日式，士成军则半仿德式，是为武卫四军。二十六年，拳匪乱，戕总兵杨福同，命士成相机剿办。匪焚黄村、廊坊铁轨，士成阻止之，弗应，击杀数十人。其党大恨，诉诸朝，朝旨诃责士成。时匪麇集天津可二万，遇武卫军辄诟辱，士成检勒部下毋妄动。荣禄虑激变，驰书慰解之，士成复书曰：'匪害民，必至害国！身为提督，境有匪不能剿，如职

---

① “陞”，据中华书局点校本《清史稿》校改。详《清史稿》，中华书局 1977 年版，第 42 册，第 12768 页。

② “师”，据中华书局点校本《清史稿》补入。

何?'乃郁〈郁〉驻杨村观变[1]。会英、法诸国联军至,士成三分其军,一护铁路,一留芦台,而自率兵守天津。连夺陈家沟、跑马厂、八里台,径攻紫竹林,喋血八昼夜,敌来益众,燃毒烟炮,我军稍却。士成立桥上手刃退卒,顾诸将曰:'此吾致命之所也,逾此一步非夫矣!'遂殒于阵,肠胃洞流。诏赐恤。阅二载,以世凯言,赠太子少保,谥忠节,建专祠。"

过故相荣文忠东厂旧第感赋

沙堤旧迹未全芜,猛忆遗言重感吁。作柱持荷嘲太枉,成围种柳计终迂。蛟龙岂是池中物,蝼蚁先为地下驱。今日朱门谁是主,夥颐富贵亦须臾。

郭则沄《十朝诗乘》:"(先文安公)有《过故相荣文忠东厂旧第感赋》云云。自注谓:'项城初任直督,即求兼领山东。公询余故事,余举年羹尧、鄂尔泰、李卫以对,且云:致康、雍时事,非今日所宜援。公首肯。因言此君志望甚奢,吾常裁抑之。然环顾无人,异日恐终当执持朝局。又,辛丑回銮后,中外复言变法,孝钦亦欲藉是镇群议。时公已抱病,间谈及,谓兹事体大,非吾力所胜。其成其败,幸病躯当不及见耳。'言次,皆叹息不已。此为外人所未尽知者,敬汇纪之。"

题廓轩竹枝词

廿载锋车不暂闲,威名犹在贺兰山。睢阳应誓死为厉,定远再难生入关。玉宇琼楼渺天上,零缣断楮落人间。河梁一别成终古,感旧

---

① "郁",同上。

空馀涕泪潸。

郭则沄《十朝诗乘》："先文安公庚辰同榜，惟溥玉岑师官至尚书。志文贞早致卿贰，旋出为边帅，亦蹉跌不振。庚戌初，拜杭州将军，余适任提学，以年家子进谒。为言久主穷塞，不意获近湖山，心焉乐之。廨居有园亭之胜，久荒废。文贞葺治，落成，招同僚吟宴竟日。未几，复移镇伊犁。惘然言别，音问遂阻。迨闻授命，余哭以诗，有'投荒原不望生还'之句，盖临分所言如是。比于沽上晤楚人丁君，谓是年从文贞出关，遇之甚厚。乱将作，劝为备，不省。固劝之，则曰：'吾有恩于众，必不我负。'仓卒兵变，遂及于难。文贞非愦愦者，其死国之志，固早决矣。先公题其《廨轩竹枝词》云云。"

山游绝句

真见秦头压日偏，孤亭突兀倚层颠。碧云已铲衣冠墓，此地谁知别有天。

郭则沄《十朝诗乘》："光绪间官监擅权者，人但知安、李，而不知有印、刘。刘名连，印为总管，声势与连英埒。有别墅在西山狮子窠，地当山口，长廊架空，画壁精绝，下瞰玉泉、昆明如在足底，有'碧云天'三字题额。先文安公《山游绝句》有云云，即咏其地。今长廊已圮，遗迹犹雄跨山椒。"

养生诗

百年三万六千场，强半销磨在睡乡。悟得浮生都若梦，奔波何苦逐人忙。

东华尘土阅流年，常及鸡筹唱晓先。补我蹉跎天有意，衰慵敕赐日高眠。

安知魏晋孰为今，梦里桃源尚许寻。却笑宋人太痴绝，苦言事满五更心。

贝州破贼见精神，潞国华夷一异人。犹有流传谯鼓句，黄绅被里放衙频。

一枕沈酣百不知，魏公心学岂余欺。修成圣佛黄漳浦，真有横陈嚼蜡时。

五龙甘卧即神仙，可惜希夷谱不传。一觉坠驴宁有意，陈桥笑见太平年。

王赓《今传是楼诗话》："侯官郭匏盦丈曾炘，与友论养生之法，以善睡为上，并纪之以诗云云。数语语多玄理，兼饶故事，亦可作养生新论读也。"

清诗纪事·郭则沄[1]

郭则沄

字啸麓，号蛰园，别号龙顾山人，福建侯官人。光绪二十九年癸卯进士。有《龙顾山人集》。

七里泷记某公事

富春江上高舶舟，客来载欢不载愁。夸人载得绣衣使，东船弦管西船醉。出泷复入泷，钓台解意偏成双。下水复上水，七里真成七十里。山城老令迎负弩，讽谏微辞触公怒。市民仓卒拥官来，喋血戟门公不顾。官卑命薄何重轻，荷戈公亦天山行。祸由所溺是足戒，独怪高牙付公辈。

郭则沄《十朝诗乘》："仇教矫诏，诸行省皆寝不行。浙抚刘景韩中丞不及察，遽通行各属。恽崧耘方伯与先按察公同谒大府，力争之，已无及，遂有衢郡戕官戕教之事。衢俗傈而悍，闻诏下，揭竿群起，毁教堂，杀教民，城市骚然。西安令吴季清（德潚）出弹压，众目为通教，竟缚之，挟至道署请惩处。时鲍祖龄为金衢严道，春霆提军子也，以门荫得官。衢多花船，鲍有所昵，恒微行就之。季清与同乡，不敢面诤。伺其出，辄衣冠迎候，意使知

① 录自钱仲联主编《清诗纪事》，江苏古籍出版社 1989 年版，第 20 册，第 14050—14059 页。

愧。鲍衔之。至是快其被祸,使人传谕曰:‘听若所为。’于是令被戕。复拥入邑署,屠其家属。而教堂教民俱尽。后鲍坐是遣戍。余旧作有《七里泷记某公事》云云。鲍尝乘妓船赴省,途中往复流连,三见钓台。抵省语人,传以为笑。”

馀园曲

馀园花草春无价,银荷曾照征歌夜。凤管吹成旖旎香,龙盘传赐逍遥炙。是时海宇方清晏,洛京初置敦宗院。青琐郎君誉妙年,白头上相论殊眷。八载轻鸾拥钿车,搴帷初识宋尚书。临川声律宜都射,早有才名动玉除。半酣催试山香舞,砑光帽上花如雨。一曲檀槽一束绫,仙韶翻尽开元谱。第一风流算谢娘,亲调粉墨伴诸郎。灯屏时露惊鸿影,镜阁偷摹警鹤妆。妆成一笑搴珠箔,柴兰曲罢添欢谑。压倒同时菊部头,策勋竞进黄金勺。孔江狎客各翩翩,艳曲新填《相府莲》。行乐浑忘花萼贵,寻春拼改拓枝颠。朱门自昔夸声伎,却话南园骄北里。尽多朝贵拜恩王,一任都人呼浪子。干卿甚事春池皱,封章晓向通明奏。阙下羞看傅粉郎,台端今见埋论守。谏牍何堪例謗函,鱼头自筑《退思岩》。红衫更莫招王黼,白笔终应重贺咸。浮名换取金尊酒,旷怀谁似宣城柳?轶事流传《夜宴图》,近时恨少徐黄手。淡粉轻烟一梦阑,珊珊环佩隔蓬山。涵元小殿香尘冷,愁煞新丰谢阿蛮。

郭则沄《十朝诗乘》:“京师初无吴妓,有之,自赛金花始。珊珊北来继之,名藉甚。天潢某尚书宴城东馀园,自登场演剧,珊珊侍侧,为之傅粉。张贞午时为御史,疏劾之。朝旨嘉南床之敢言,而责西邸以改过。尚书寻乞休。珊珊亦厌倦风尘,依人金屋矣。余尝赋《馀园曲》云云。贞午时奏调巡警部,将序补左丞,遽出为岳州守。”

又:“尚书乞解官疏,相传为杨杏城侍郎手笔,有云:‘正恐因循恋栈,贻衰亲后顾之忧;岂惟庸钝无能,负两圣知人之哲。’论者谓其得体。”

韩将军歌

长风卷地吹赤埃,截江万骑胡兵来。崭然军中一韩在,虏撼不动山崔巍。荒壕月黑角声急,大鸟横空折其翼。百千子弟血成渠,将军裹剑仍奋戟。边城尺寸皆汉土,退此一步非死所。公拼报国士报公,断脰洞胸正冯怒。将星坠地长城倾,孰谓公死公如生。匈奴未灭家何有,独念老母累阿兄。平生抗志在青史,克敌之功先克己。(用将军训士卒语。)封书寄内语从容,男儿早办沙场死。中原相斫万貔貅,谁欤赴难惩国仇?汤阴祠下昔信誓,骑麟应许从之游。将军一死泰山重,赤舌烧城定馀痛。大呼杀贼畴复闻,冥冥惊破钧天梦。

自序:“将军名光第,吉林双城县籍。以材武典军,励士卒以耐苦效死,所至秋毫无犯。俄衅起,初驻海拉尔,嗣移防札兰诺尔,敌屡攻皆不得逞。客冬十月,俄军以全力奋进。将军馀部仅千人,当数万之众,负伤督战,誓不退却,卒以力孤援绝战死,所部无一生降者。抑何烈也!为作是歌吊之。”

庚子诗鉴(录十七首)

药店朝来起火鸦,飞烟横卷箭楼斜。银房宝市繁华最,焦土凄凉剩几家?

自注:“是岁五月之初,匪众检索市肆,至大栅栏老德记药房,谓中藏洋货,即纵火焚之。歊日炎风,凉棚栉比,火势蔓延不止。匪众曰此天火也,戒不得施救。于是南至施家胡同,东越正阳门大街至肉市褂子店,并及廊房头条,西至西河沿关帝庙,北延正阳门箭楼敌楼东西荷包巷,城内历棋盘街官厅敷文牌坊直至兵部街乃止,广袤七八里间,向为商市精华所萃,一朝俱烬。见董绶金《书舶庸谈》。时余尚在都,自城南望之,但见火云熊熊,高迫霄汉而已。"

金市银炉劫烬馀,九城阛肆总萧疏。深宫有诏颁官帑,四大恒看复业初。

自注:"珠宝市及廊房诸巷,向为金店炉房所萃,店炉并烬,银源顿竭。都人可谓'四大恒'者,曰恒利、恒和、恒源、恒裕,为钱业巨擘,同时辍业,人心惶扰。陈庸庵督部时为京尹,奏请颁内府、户部帑银各五十万两,分借四恒,促其复业,由是转危为安。陈以善后功受上知,不数年擢至兼圻,实肇于此。"

飞渡艨艟气已骄,封章讳败亦无聊。炮车云黑笳声苦,似为将军唱《大招》。

自注:"洋兵至东清,提督罗荣光犹捏称战胜,为京朝官所劾。后与洋兵战,军溃阵亡。虽死国,而时论薄之。"

桥头飞炮大星沈,自坏长城寇始深。生理已穷求死所,侧身铃阁几沈吟。

自注:"聂功亭军门,匿居督署,愤甚,已有决死之志。洋兵至津南,聂督队与战,衣冠立海光寺南大桥上,故使洋兵见之。其牙将哭劝下桥,不听。俄一炮飞至,遂阵亡。自是洋兵长驱直入，无御者。”

东南劫急避矰飞，万众瀡泥未脱围。莫怨危舟风不度，浮家儿女且相依。

自注：“联军陷天津，自东、南二门入，居民避难者，争奔赴西、北二门。瓮城迫狭，壅塞不得出，蹴压死者千馀人。雇得舟者，以河道窄，亦节节壅滞。河下船双〔只〕[①]，舷桡相接，每船皆数十人，男妇老少，杂沓拥挤。西沽一带，战声切近，炮弹横飞，然视无舟可附踉跄前行者，已若仙凡之别。参录《庚子纪事》及《拳匪闻见录》。”

鸡肋当拳得免无？朝官琐尾辱泥涂。乞怜争拜榴裙底，阿赛居然女丈夫。

自注：“联军初至，于所辖居户，不暇辨贵贱良莠，奴仆出街，每为西兵掠去，迫令执爨牧马。乃至士大夫微服偶出，不幸遇之，亦强充贱役。以余所闻，如某侍御为西兵迫令执御，某侍郎官詹事，途遇西兵，捉之使担土，某不可，竟被挞。类此者殆难偻指数。名妓赛金花，旧名傅彩云，尝为某状元篷室，状元奉命使德，赛随往。摄行中阃，与联帅瓦德西有旧。至是相遇京师，每为人营救，辄获免。荐绅有急，争求之。所居曰‘赛寓’，人呼以‘赛二爷’，若巾帼而须眉也者。樊山有《后彩云曲》纪其事。”

豪门剽掠散云烟，珠翠貂鼲不值钱。尽有宝山空手返，倘来富贵

① “船双”，误，现据《近代中国史料丛刊》第 34 辑所录《庚子诗鉴》校改。详沈云龙主编《近代中国史料丛刊》第 34 辑，台北文海出版社 1966 年版，第 24 页。

一卑田。

自注:"城东、城北各巨第,遭劫掠殆遍。珍服宝器,散落街市间,一二王面钱即可得之。叶鞠裳诗云:'每到宝山空手返,难禁墨癖与书淫。'亦是时所作。乱前余居城南,见延王庙街五显庙中一丐,日沿街乞食,夜则寄宿神座下,庚子后入都,闻其骤富,裘马豪华,竟如素族,盖即由此营运而致。阅年馀,复贫而为丐矣。"

别苑何心踞虎貔,管弦凝碧使人悲。火云飞到仪鸾殿,荡尽腥膻事亦奇。

自注:"瓦据西苑仪鸾殿,一夕火骤起,画栋雕楹,延烧殆尽。樊山《后彩云曲》有云:'谁知九庙神灵怒,夜半瑶台生紫雾。火马飞驰过凤楼,金蛇羧蚺燔鸡树。'述是事也。回銮后,慈圣重葺,结构陈设,悉从西式,以为外宾宴集之所,名曰'海晏堂',即后来之居仁堂也。"

满城争听叫天儿,鬓影衣香入座时。愁绝朱王沧海眼,灯前屑泪谱《秋词》。

自注:"京师梨园标曰'茶楼',或云由查氏明月楼沿称查楼而讹,历来不售女座。自联军驻京,西妇欲入园观剧,主者不能禁,始开其例。于是贵家宅眷亦赴之,间有为西兵所侮者。时人俳体诗云:'国自兴亡谁管得,满城听唱叫天儿。'可为长叹。叫天儿者,伶人谭鑫培,善弋腔老生,有'小叫天'之目。时王佑遐、朱古微、刘伯崇俱留滞都下,相约填词遣日,日限一调,多隐讽时事,后刊所作为《庚子秋词》。朱、王之专力倚声,实自此始。"

西归何事唱刀环，似恼军中有玉颜。帐殿天骄临别泪，飘红依旧落人间。

自注："樊山《后彩云曲》有云：'从此茫茫隔云海，将军也有连波悔。君王神武不可欺，遥识军中妇女在。'谓瓦获谴事。赛留京师，仍居城南陕西巷，后以虐死养女，坐系狱，从轻发配。"

李花得气似茄花，炙手其如市虎哗。一录冰山应减色，珍奇掠尽内臣家。

自注："国朝祖制，内监冠服至四品而止，惟晚近李连英以慈圣宠遇，得赏二品顶戴。然其人亦只供奔走使令，迴〔迥〕非前朝刘、魏之比[①]。李为大城人，其地拳坛亦盛，涎其富，劫掠家物殆尽。虽劫犯后有获者，而所掠不可复返矣。"

骄兵四出恣虔刘，雪愤谁能问主谋？甲仗道迎前日事，宁知廷尉望山头。

自注："时西兵四出，南至正定，北至张家口，所过辄肆劫掠。全权大臣诘问各使，诿为统帅之事，使馆不负其责。其入保定，廷劭民方伯率各官出迎，犹以礼款接，寻又指为罪魁，捕系之。廷与城守尉奎恒、管带王占魁俱被杀。黄公度诗：'甲仗空迎回纥马，血衣竟染汉臣鞭。'深哀之也。"

牛酒输将敢告疲，闭门翻惹海鸥疑。避兵纵仗灵符力，笞凤鞭鸾又一时。

① "迴"，误。现据文意径改。

自注:“西兵所至,索牛羊鸡鸭,开门者多不入,闭门者必强启而搜索之。有子女被掠者。见《庚子纪事》笔记。至静海时,知县岳某使绅董远迎,邀至县署款之。西酋问有拳否?曰无之。即令具结。已无事矣,厥后德兵复至,絷令而挞之,迫令出银二千、马三十,赖杨柳青石绅为乞情,乃展限释放。”

西连晋鄙北长城,画界雷池禁驻兵。伏弩雄心虚牝掷,抗师刘秩自峥嵘。

自注:“西酋定约,由岐口西至沧州、河间、正定以迄晋边,北至长城,东至海,皆不得屯驻华兵。并绘图以红线为界。宿将刘某,率军驻获鹿,独抗不遵约。于山径遍埋地雷,先以辎重车数十辆,载砖石以行,佯为退军者,将俟西兵至而歼之。讵辎重车行,触地雷俱尽,西兵后至,刘无力拒敌,败退至界外,不复能成军矣。或曰即驻娘子关之刘光才。传闻小异耳。”

村墟鸡犬荫桑麻,弹指洪荒足怨嗟。抄蔓岂徒夸十族,白沟河畔万千家。

自注:“匪首张德成,家于容城之白沟河,地居水陆之冲,廛市极盛。附镇而居者数万家,以张故为关军所屠,顿成赤地。《拳匪闻见录》谓:‘昔者一人飞升,仙及鸡犬;今一人为匪,不止灭及九族矣。’其言绝痛。”

骄军四出似游蜂,虚誓黄龙酒一钟。忧国元戎频抗议,只愁绿野误春农。

自注:“李文忠屡商西酋,勿再纵兵泄愤,张文襄亦力言之,而瓦德西坚持不允。吕军门本元又电陈李相。谓'洋兵四扰,恐误春耕'。李答云:'屡与言之,彼强词不允。尊意为春耕计,若辈不惜也。'周悫慎为直藩,复致书瓦,为民请命。瓦云:'倘大局不生枝节,更无拳匪图扰、华兵滋事,则可不再出队,以符李相之所愿也。'迄瓦撤归,其事乃止。"

僧寺城南旧设坛,金元名迹几摧残。劫馀重返《青松》卷,却恨毗卢佛阁寒。

自注:"拳众横行,京师名蓝古刹,多为所据。西兵攻匪,炮火横飞,摧残殆尽。崇效寺之《青松红杏卷》,于乱中失去,杨荫北京卿得之,复归诸寺。慈仁寺毗卢阁旧有窑变观音,相传为前明大内所舍,庚子之乱,阁毁,观音亦失去。闻归天津某氏,不可考矣。"

郭则沄《庚子诗鉴书后》:"言平等者曰:将均贫富、壹贵贱,胥智愚贤不肖而纳之于风气之治,是决堤溃防之智也。言搀和者曰:将使贫者富、贱者贵、愚者张而智者戕,胥贤不肖而厄于强梁,是揭竿斩木之雄也。二者挟术迥殊,若水火之不相入,乃终以相贼而相成。吁异矣!夫新旧之争,时为之也,故新者恒胜,其未胜也则旧者之力为固,以新攻旧无幸也,天欲覆之,乃反其道焉。使以旧攻新,发之以蚩顽,张之以妖妄,极之以傎倒悖乱,至于情见势绌,新者突起而代之,蔑不胜矣。且夫蚩顽妖妄傎倒悖乱之为,稍有识者能辨之,惩禁必严,有国典在。天欲假之,则又资之以二三权贵,使临以不可抗之威,智者诤而僇,愚者怵而伏,迫召外兵,为国大辱。吾固知新者之终胜,而必使烽燧迫城阙,膏血尽原野,仅乃得之,抑何酷耶?且新者胜矣,而烽燧之骇、膏血之惨犹是也,然则新之胜旧者安在?天之构此奇劫展转推衍而不已者，其深意又安在耶？自其前而观之，浑然一守旧之世也。观夫其后，则纲纪隳、风气漓，言搀和者败，而言平等者方且侧煽而潜滋。故吾谓义和拳者革新之母也，亦即崩析之所由胎也。治乱消长之机，祸福倚伏之数，岂当日所及料哉？夫吞刀吐火之技，儿戏焉已耳，其痡毒于天下后世者，乃如此。无以名之，则名以造物之狡狯而已。是役也，余在京师目击之。其自六月以后，则得自传闻者为多。因撮述之，为《庚子诗鉴》，凡三百二十首。鉴者，鉴于既往之谓，以余躬历其境，固鉴中之一人也。以鉴中之人，述鉴中之事，庶几不至失实，亦将使后之有国家者知所戒焉。庚辰八月，龙顾山人。"

按：此《书后》署庚辰八月，则已在民国时，以纪清事，录之。

近现代词纪事会评·郭则沄[①]

郭则沄

则沄字啸麓，又字孑庵、雪蘋，号蛰云、蛰园、龙顾山人等。福建侯官（今福州）人。生于光绪八年（1882），民国三十五年（1946）卒[②]。光绪二十九年（1903）进士，官浙江温处道，政事堂参事。后又历任铨叙局局长，国务院秘书长，侨务局总裁，抗日战争期间为铁路学院名誉校董。著有《龙顾山房全集》，中存词三卷，编有《十朝诗乘》等，又著有《清词玉屑》传世。

【传记资料】

许钟璐《清故诰授光禄大夫头品顶戴赏戴花翎署浙江提学使司提学使侯官郭公墓表》[③]：

公讳则沄，字啸麓，号蛰云，福建侯官人。其先世唐汾阳忠武王，咸通中，支祖讳嵩者，避黄巢之乱，始入闽。曾祖柏荫公，在咸同间，以翰林历抚吴楚，总制两湖。祖式昌公，以孝廉仕至浙江按察使，有惠政，人称为"郭佛"。考曾炘公，以翰林久直枢

---

① 选自严迪昌编著《近现代词纪事会评》，黄山书社 1995 年版，第 390—392 页。

② 按：郭则沄卒于旧历丙戌十二月十七日（1947 年 1 月 8 日），此处误。

③ 此为节引，原文详本书附录二"传记资料选辑"。

廷，历官典礼院掌院学士，太子太保，谥文安。有丈夫子三，公其长也。公成癸卯科进士，翰林院庶吉士，散馆授编修，出佐东三省总督幕，特保人才，简任浙江温处兵备道，尝〔赏〕二品衔花翎[1]，署浙江提学使。

武昌变起，公在温处道任内，时杭州乱，各郡惊扰，公素为部民悦服，被缨定变，辖境以安。旋朝廷逊位诏下，乃挂冠北上，温民遮道攀留，公不可，遂如京师，省文安公，且商归田之计。文安公曰："国体虽变，天下事未可知，汝年尚可为，当忍辱负重，以匡王室，此狄梁公所以策唐也。"公受命退谒东海徐公，授以显列，不拜，为长秘书，得于簿书中尽知天下情变，每就商大计，辄移日晷。至丁巳复辟，召公直议政处，寻赐头品顶戴，阶光禄大夫。然公深感仓卒举事，速之适以厄之，不旬日，事竟败。既见时事日纷，知艰于有为，居常郁郁。迨法驾狩天津，公亦引身以退，然近朝行在，远谒诸陵，犹以君恩亲命终无以报，引为遗恨。未几，丁文安公忧，遂杜门不闻时事。逮山陵之变，驰书当轴，力事营护，其始终厥志如此。

公博学能文，虽颠沛忧危之际，未尝朝夕废文字。在天津结"冰社""须社""俦社"，在旧都结"钵社""律社"，与一时硕彦耆儒商量旧学，皆推公为祭酒。尤以立诚、持毅、守约、居仁、行恕、主敬、知耻之学，身体而力行之，兼以课士。平生著述凡数十种，其梓行者《十朝诗乘》《清词玉屑》《竹轩摭录》《庚子诗鉴》《遁圃詹言》《龙顾山房诗集·骈体文钞·词钞》《洞灵小志》。

公生于光绪壬午年八月二十八日，卒于丙戌年十二月十七日，年六十有五。

---

① "赏"，据前引许钟璐所撰《郭公墓表》径改。

【会评】

夏敬观《忍古楼词话》："侯官郭啸麓提学则沄，娶余僚婿俞阶青女，夫妇皆能文章，今之孙子潇、席长真辈也。著有《龙顾山房集》，渊茂俊上，蕴蓄雅正。词三卷，附于诗后，曰《潇梦》、曰《镜波》、曰《絜尘》。余尝谓南宋惟史邦卿《梅溪词》，为能炼铸精粹，上比清真，得其大雅，下方梦窗，不伤于涩。今能为《梅溪词》者，除况夔笙略似之外，厥维啸麓。(后录词五阕，略)

玉烛新咏雪呈辛庵

瑶天抬望眼，正暝色帘栊，悄无来雁。纤尘都遣，凝望处，隐隐林遮山限。飘琼未断，讶玉蝶、飞争春暖。偏解意，唤起维摩，呵寒笑看花散。　　微吟自嗅新梅，待唱向旗亭，共谁呼盏？梨云思浅，怪梦后、风情俱减。重阑熨遍，又语鹤、偷传清怨。空想象，白凤骑归，琼楼寄怨。

【纪事】

陈兼与《闽词谈屑》："郭蛰云(则沄)簪华世胄，少时掉鞅名坛，撮科名如拾芥。年甫三十，即使浙提学，旋授温处道，夏瞿禅(承焘)时方在永嘉小学读书，曾集队迎于江次，数为蛰云之嗣君学群(可诜)言之，其记忆犹新也。辛亥后，簪笔中枢，敏赡捷给，人所不及。四十即休居，力事撰述，有《十朝诗乘》《清词玉屑》《南屋纪闻》《红楼真梦》等十数种，其《龙顾山人诗词集》亦皆已刻。自言其词胜于诗，顾多愁苦语，读之往往使人不欢，与其身世似不相称。在京都继'聊园''趣园''稊园'之后，主持'蛰园词社'。移居析津，又组织'须社'，颇有功于词坛。箧中有其咏雪呈辛庵《玉烛新》一首，未载于其《诗馀》及《独茧词》者。蛰云三世仕浙，词品柔丽芳缛，有竹垞、樊谢之风。予咏近代词人绝句，有其一首云：'看山行遍浙东西，秋雪金风细品题。哀怨无端成独茧，春心漫托杜鹃啼。'似尚得其词心。"

《中国近现代稀见史料丛刊》已出书目

第一辑

莫友芝日记
汪荣宝日记
翁曾翰日记
邓华熙日记
贺葆真日记
徐兆玮杂著七种
白雨斋诗话
俞樾函札辑证
清民两代金石书画史
扶桑十旬记(外三种)

第二辑

翁斌孙日记
张佩纶日记
吴兔床日记
赵元成日记(外一种)
1934—1935中缅边界调查日记
十八国游历日记
潘德舆家书与日记
翁同爵家书系年考
张祥河奏折
爱日精庐文稿
沈信卿先生文集
联语粹编
近代珍稀集句诗文集

第三辑

孟宪彝日记
潘道根日记
蟫庐日记(外五种)
王癸避难日志　辛卯年日记
嘉业堂藏书日记抄
吴大澂书信四种
赵尊岳集
贺培新集
珠泉草庐师友录　珠泉草庐文录
校辑民权素诗话廿一种

第四辑

江瀚日记
英轺日记两种
胡嗣瑗日记
王振声日记
黄秉义日记
粟奉之日记
王承传日记
唐烜日记
王锺霖日记(外一种)
翁同龢家书
甲午战争汉诗选
达亭老人遗稿